基于有效课堂的小学数学课堂提问策略研究

陈　勇　骆大云　著

北　京
冶　金　工　业　出　版　社
2023

内容提要

本书对课堂提问展开研究，从课堂提问的内涵、高效提问原则、数学教师提问技巧、策略及评价等方面进行讨论，在有效课堂提问、提高课堂效率、优化教学等方面具有重要的新观点。

本书主要供小学数学一线教师、小学数学教研员、小学数学教育教学研究者、教育教学管理者等参考。

图书在版编目(CIP)数据

基于有效课堂的小学数学课堂提问策略研究/陈勇，骆大云著．—北京：冶金工业出版社，2020.6（2023.11 重印）

ISBN 978-7-5024-8554-2

Ⅰ.①基…　Ⅱ.①陈…　②骆…　Ⅲ.①小学数学课—课堂教学—教学研究　Ⅳ.①G623.502

中国版本图书馆 CIP 数据核字(2020)第 117218 号

基于有效课堂的小学数学课堂提问策略研究

出版发行	冶金工业出版社	**电　　话**	(010)64027926
地　　址	北京市东城区嵩祝院北巷 39 号	**邮　　编**	100009
网　　址	www.mip1953.com	**电子信箱**	service@mip1953.com

责任编辑　姜晓辉　美术编辑　彭子赫　版式设计　彭子赫　孙跃红

责任校对　李　娜　责任印制　窦　唯

北京建宏印刷有限公司印刷

2020 年 6 月第 1 版，2023 年 11 月第 3 次印刷

710mm×1000mm　1/16；11 印张；216 千字；168 页

定价 68.00 元

投稿电话　(010)64027932　投稿信箱　tougao@cnmip.com.cn

营销中心电话　(010)64044283

冶金工业出版社天猫旗舰店　yjgycbs.tmall.com

前　言

学校课堂是传授知识的主阵地，是人才培养的摇篮地带。针对课堂教学，教师应掌握课堂提问这一重要的教学手段。课堂提问具有很强的艺术性和技巧性,其合理程度直接关系到知识教学的优劣成败。因此，当教师精心设计提问，采取有效的课堂提问方式时，将极大地激发学生的学习兴趣和思维灵感，让学生以更高的热忱参与到学习探索之中。

小学数学是学生成长过程中必须要学好的一门学科。小学数学教师应该做好课堂教学，做好课堂提问，使学生被教师所精心营造的教学环境和氛围所感染，在教师的引导下深入探索知识真谛。教师应该通过课堂提问拉近师生间的关系，加强交流和沟通，形成彼此间的和谐与协作，让小学数学课堂不再是“满堂灌”，而是“思维场”，真正达到小学数学课堂提问的有效性。

小学数学课堂提问，应该采取有效的策略，使课堂教学能符合小学学生的学习思维和方式，提高他们的学习兴趣和动力，使之更愿意与教师沟通，以形成良好的学习氛围。为此，作者针对小学数学课堂提问的相关策略展开探索，分析了大量案例，总结了相关成果，翻阅了众多资料，结合课堂教学的理论和实践，最后创作出本书。本书包含了小学数学课堂提问的相关内涵、原则、技巧等，同时也分析了当前小学数学课堂提问的现状，并总结了课堂有效提问的策略。本书适于小学数学教师阅读，对提升课堂提问的有效性具有一定的参考价值。

本书共分六章，第一章对课堂提问的内涵进行概述，总结了课堂提问的概念、意义、目的等；第二章分析了课堂提问的相关类型和作用，可以让教师掌握更多类型的课堂提问，充分发挥课堂提问的作用；第三章总结了教师在数学课堂中提问的原则，帮助教师把握课堂提问的度，做好提问的评价，让课堂提问更加高效；第四章对当前小学数学课堂的提问限制进行探索，分别对优秀教师和普通教师的课堂提问现状做了调查研究；第五章分析了数学课堂有效提问的内涵，对数学课堂提问的目的、评价等进行详尽论述；第六章从不同角度入手，通过多维度的分析，总结出了提高数学课堂提问有效性的教学策略。

本书是2018年重庆市长寿区第一批中小学教师培训课程资源（小学数学课堂教师提问艺术）建设成果之一，课程编号：AB02002。全书由课程建设负责人、重庆市长寿区万顺镇中心小学校长陈勇和课程建设指导教师、重庆市万州区教师进修学院小学研训部骆大云共同编写。具体编写分工如下：陈勇编写了第四章、第五章和第六章，骆大云编写了第一章、第二章和第三章，最后由陈勇统稿完成。

作者在本书创作过程中，借鉴了众多前人的资料和成果，在此深表感谢。鉴于水平有限，书中存在不足，恳请广大读者谅解与指正。

作　者

2019年12月

目　录

第一章　课堂提问的内涵

在课堂提问教学中，课堂提问是一项必不可少的教学技能。如果教师恰当地运用提问艺术，就可以很好地开启学生的心灵，提高学生的智力，解决学生在学习中遇到的各种困难。因此，教师提问是否运用得当，问题引导是否在点上将直接影响教学的效果。本章主要针对课堂提问的意义和目的等进行分析，利于加深对课堂提问的认知。

第一节　课堂提问的概念和意义

一、课堂提问的概念

（一）课堂提问的含义

课堂提问是课堂教学中司空见惯的教学行为，几乎每个教师都在教学中自觉与不自觉地运用着。那么，什么是课堂提问呢？

《中国大百科全书·教育》认为，提问是一项重要的教学手段，它被运用于整个教学活动中，是联系师生活动的纽带。在教学中有助于引导学生探索知识、积极思考、获得智慧。❶

《西方教育词典》的解释是：它对教师具有重要意义，既可作为了解学生学到了什么和能做些什么（评定 assessment）的手段，又可作为教学技巧的一部分（如苏格拉底对话法）。一方面，通过提问，可以引导学生逐步作出教师预期的回答，或鼓励学生为了培养他们的洞察力而对其亲身经验进行考察。另一方面，不仅能培养学生回答别人提出的问题，而且能使学生自己组织问题并求得答案（从教师那里或别处求得）。❷

美国教学法专家斯特林·G·卡尔汉（Sterling G. Callahan）认为："提问是教师促进学生思维、评价教学效果以及推动学生实现预期目标的基本控制手段。"❸

---

❶❷　温建红．数学课堂有效提问的内涵及特征 [J]. 数学教育学报，2011（12）:11-15.

❸　林立丽．历史问题诱思教学的理论与策略 [D]. 福州：福建师范大学，2007.

贝隆（Bellon）和布兰科（Blank）认为："提问是课堂上以语言交流为中心的教学过程，它充当了教师的解释与学生的回答之间的中介。"[1]

从以上一些对提问不同的解释可以看出，课堂提问是一种重要的教学手段，是师生之间进行对话和交流的重要方式，在教学中有检查评估、启迪思维、引导学习等多种功能。课堂提问是教师在课堂教学中通过提出问题，以及对学生的回答作出反应，从而了解他们的学习状态，启发思维，使学生理解和掌握知识，并发展潜能的一类教学行为。

课堂提问教学并非简单地指教师问，学生答。课堂提问教学包括课前问题的精心设计，问题情境的创设，问题的提出与实施，对学生回答的处理，对学生质疑的引导等综合行为。它是师生积极参与，交往互动，共同发展的过程。这一过程中的师生参与性，对教与学的促进作用就是教学评价的主要指标。

（二）课堂提问的过程结构

课堂提问作为一种教学行为，它不是某一个特定的行为，而是表现出一定的过程性。首先，教师有目的（复习巩固）地提出问题，然后由学生作出回答。之后，教师对学生的回答作出分析与矫正，在学生回答后又继续提问。尽管课堂提问的形式多样，但就过程而言，却大致相同，基本包含以下 3 个阶段：

（1）提问：教师对教学内容的某一知识内容、特征或关系进行提问；

（2）回答：学生分析提问的要求，回忆、提取并组织相关知识作出回答；

（3）理答：教师对回答质量作出理答，即给出相应的评价，给予反馈、矫正或总结。

课堂提问是一个过程，这个过程包括很多内容。首先，从提问的主体看，既有教师，又有学生。一般多是从教师向学生提问开始，然后学生给予回答，教师对学生的回答进行理答，做出必要的评价与反馈。也可以是学生向教师提问，教师给予回答。其次，从提问中师生关系看，更多的是一种对话与交流。最后，从提问功能的实现看，无论是学生知识、思维的发展，还是认识力的提高，都是在对话和相互作用中得以实现。本研究主要以教师提问为主，从过程性视角出发来研究数学课堂有效提问。

二、课堂提问的意义

课堂提问是教师在传授知识的同时，达到师生共同交流、和谐共振的一种主要的教学活动。好的课堂提问能揭示矛盾、辨别正误、唤起联想、引起思索，并

[1] 温建红．数学课堂有效提问的内涵及特征 [J]. 数学教育学报，2011（12）:11-15.

有利于教师对当堂课程学生学习情况的及时把握，做到当堂课的问题当堂解决，当堂调控，把学生的疑问全部在课堂上解决，从而达到调节教学活动的目的。

课堂提问能够加强师生间的交流和互动，让学生在教育教学中集中注意力，更好地参与到课堂教学中。现代教学理论主张让学生参与到教学活动中，也就是教师、学生共同来表演，教师唱主角，学生唱配角，不能让学生简单地从属于教师。课堂提问正符合这一教学理论，它能不断地引起学生的注意。课堂提问给学生以外部刺激，防止了注意力的分散，并使学生经常保持有意注意，对问题进行分析、反应，然后归纳整理并做出回答，使学生有一种紧迫感。实践证明，通过提问传授给学生的知识印象深刻，记忆牢固。通过提问引起学生的有意注意，让学生积极参与教学活动，所学知识比由教师对学生单向传递信息所获得的知识印象深刻得多。

合理的课堂提问还能够激发学生的学习积极性，形成自主学习的动力。课堂提问能激起学生的好奇心。好奇心是支配学习活动的一个重要动机，其特征在很大程度上依存于外界的刺激，它对于接受外界刺激、同化外界刺激进行信息处理的学习过程来说是非常重要的。提问能激发学生学习动机。因为回答问题是面向全班同学的，对问题所作出的回答体现了学生的知识水平以及能力大小，因此，学生在回答问题时总是希望得到称赞和自尊心的满足。这种竞争意识促使学生对问题积极思考，课前做充分的准备，平时多进行阅读以拓宽知识面，这样，提问就诱发了学生的学习欲望。教师通过对学生答案的肯定或否定，使学生知道问题是否得到了解决，在多大程度上取得了进步，在多大程度上达到了目标，这些又进一步激发了学生的学习积极性。

教师制定有效的课堂提问，能够更好地了解学生对教学知识的掌握程度，利于师生间的交流，以更好地完成教学任务。提问使得教学活动成为教师与学生进行信息交换的双边活动，而不是过去那种教师输出信息、学生接受信息的单向活动。提问可以使学生了解本课的重点，使教师了解到哪些方面对学生来说是困难的，需要仔细讲解，哪些方面学生已经理解，只需一笔带过，并根据学生反馈的信息及时调整教学活动，该详则详，该略则略，该补充则补充。提问能使教师了解到哪些问题学生基础薄弱，哪些问题需要加强并及时给予指导。提问能使师生双方相互了解，共同努力，搞好教学活动。

第二节　课堂提问的目的

当今的课堂教学，主要目的是为了培养学生们具有创造性思维的能力，这就需要我们的教师给予他们能够积极思考的机会。要实现这一教学目标，最普通最简便的办法，就是要提出问题。对于所提的问题，不是教师随随便便想设计就设计出来的问题，而是要在教师吃透教材的同时，围绕课文的知识点和学生心理特点精心设计的多个相关重要问题。

如果教师只考察关于学生对知识的信息记忆，就可以设计唯一正确的问题来问学生；如果要开启学生的思维能力，就可以采用求异答案的问题来设计提问。[1]求异答案要求学生各抒己见，不要有与其他学生相同的答案。对于求异答案的问题，可以成为引导全班学生讨论问题的一个基点。

根据优秀老师的教学经验，认为提问要有一定的目的性，才可以产生应有的效果，否则教师随意提问，学生随意回答，这样，可能会影响课堂的秩序。不过，教师为了顺应班里的学习气氛，可以利用时机，恰当地提出问题，引导学生积极思考，也是有效的教学方法之一。但在一般情况下，教师的提问，并非无的放矢。在提问之前，得有所思考，不论是对于教学的目标、教学的过程、教材的内容、学习的目的、学习的方法及学习上的困难、进度、评价等方面的检验与推进，都可以提出问题。实际上，提问的目的不同，作用也会不同，而问题的实际意义自然也有差别。在一般的教学情境中，对于以上问题，概括起来，大体上提问的目的有以下几种。

（1）引起注意，激发学习兴趣。引起注意、激发兴趣是课堂提问的第一要素。教师应从教材和学生的心理特点出发，提出新颖别致和具有趣味性的问题，用科学的、艺术的、生动的语言，引导学生进行积极思考。

好奇之心人皆有之。强烈的好奇心会增强人们对外界信息的敏感性，激发思维。教师设计提问时，要充分顾及学生的兴趣点，使学生处于对知识的饥饿状态，从而产生强烈的学习动机。

课堂开始时，巧妙的提问，会产生强烈的震撼力，因为它能唤起学生“究根问底”的兴趣，使学生产生强烈的求知欲；在讲解过程中教师提出启发性问题，可以使学生深入地探求事物的本质，乐思、善知，开展积极思维；课堂结束时，教师通过提问，对学生行为进行评价、鼓励，或设下悬念，能够增加学生继续学习的动力，保持学生稳定的学习兴趣。

【案例 1】 教学“最小公倍数”，教师首先结合实际情境，出示如下内容：

学校录制健身操活动，体育老师挑选了一些同学参加节目录制，要求 6 人一组或 8 人一组都恰好分完，猜一猜，参加录制节目的同学可能有多少人？参加录制节目的同学至少有多少人？

师：谁来说说你是怎么想的？

---

[1] 周丽娟．高综述教学课堂提问策略探讨 [J]. 考试周刊，2015（46）.

生 1：因为要求 6 人一组或 8 人一组都恰好分完，所以找出 6 的倍数，8 的倍数，找出它们相同的倍数，可能的人数是 24、48、72 等等，至少人数就是最小的，至少有 24 人参加。

师：回答非常准确，理由很充分。

过渡：可能人数就是 6 和 8 公有的倍数，最少人数是 6 和 8 的公有倍数中最小的，叫做最小公倍数。今天我们就来一起研究：最小公倍数。

师：对于本节课要学习的内容，同学们有什么想法？

生 1：最小公倍数是什么？

生 2：既然有最小公倍数，那么有最大公倍数么？

生 3：求最小公倍数有什么意义啊？

……

（2）启迪思维，引发质疑探讨。“学贵有疑，小疑则小进，大疑则大进。”❶学生探究知识的过程是在“生疑—质疑—释疑”的矛盾运动中进行的。小学数学课堂教学中，一个精巧的提问能够给学生创设有效的思维空间，激发他们强烈的数学探究欲望，引起学生的认知冲突和认知结构的矛盾，启发学生去思考问题、研究问题，变被动学习为主动探讨，通过自己的思维活动和实际操作来解决问题，获取知识。在课堂教学中，无论是教师的设疑还是学生的质疑所产生的“悬念”，都是学生思维的“启发剂”，从而让课堂教学收到事半功倍的效果。

【案例 2】 某教师教学“平行四边形面积”，通过先前的教学活动，学生观察猜测平行四边形的面积，得出：平行四边形的面积学生出现两种算法底 × 高和邻边相乘。

师：这两种算法，你觉得哪种算法是对的？

师：为什么要用底乘高来算，能说说看吗？

……

（看方格图，检验对错）

师：看来同学们不清楚，没关系，我们来看看方格图就会知道。这里的 1 个方格边长 1 厘米，1 个的面积就是 1 平方厘米，数数看，平行四边形的底是 7 格（也就是 7 厘米），高 4 格（也就是 4 厘米），邻边 5 厘米，仔细观察，你能看出这个平行四边形一共有多少个方格吗？怎么办能很快速的看出来一共有多少个？（平移）你们想移哪一块？（课件展示）你现在看到了吗？怎么看的？说明 7×4=28 是正确的。那看来平行四边形的面积可以用底乘高。

---

❶ 语出明代学者陈献章。

师：为什么要用底乘高来算，有什么好的方法可以解释解释吗？先想想，也可以同桌小声交流交流。

“实践出真知”，同学们手中都有平行四边形，还有一些工具，是不是正如你们刚才所说呢，接下来让我们来用自己的双手证明平行四边形的面积是否等于底乘高。

师：谁能把你操作的过程展示给大家看？

师：这样能证明平行四边形的面积等于底乘高吗？证明给我们看。

师：还有不同剪法吗？

师：大家的剪法看似不同，有相同之处吗？

……

（3）促进交流，锻炼思辨表达。教学活动是教师和学生共同参与的双边活动，师生之间、生生之间在教学中存在着大量的知识和情感的交流。而课堂提问则是常用且有效的师生互动、双向交流方法。一个好的问题犹如一条纽带，会将师生间的认识和感情紧密联系起来，架起交流的桥梁。课堂有效提问能够激活学生思维，创设学生语言表达情境及相应活动，让学生逐步学会熟练组织语言，准确表达观点，有根据地阐述自己的思想，以促进学生思维辨析能力和表达能力的提高。

小学生对较复杂的事物的认识往往是单一的、零散的、不系统的。所以在回答问题时往往也是不完整的，一是表达形式不完整，二是表达内容不完整。此时教师就可以通过精心地设计问题，促使学生完整的表达自己的知识获得过程，从而更好地理解、掌握知识。

【案例3】 对于六年级“圆锥的体积”这一内容，教师采用了小组合作探究的方法测算体积。学生利用手边的量具、水和沙子等，探究求不规则物体体积的方法。在学生实验之前，教师给学生铺设语言阶梯，设计了以下几个问题：

（1）估一估，这堆沙子的体积约是多少？

（2）你们组采用了什么测量工具？

（3）是怎样测量的？

（4）测量时出现了什么情况？

（5）最后发现了什么？

各组学生根据问题边交流边观察，在交流中不断实验，在交流中不断修整自己的语言。当实验结束反馈时，学生们根据老师提供的几个问题，一一完整地表述自己组实验前的预测、操作步骤、实验现象、解释现象，进而概括出实验结论。我们教师要创造一切机会，激发学生运用数学语言表达的兴趣，不断锤炼学生的数学语言，使学生语言表达能力得到提高，进而带动思维能力的提高。

（4）收集信息，及时反馈调整。通过教学提问活动，教师和学生可分别从中获得对各自有益的反馈信息，成为进一步调整教与学活动的重要参考。教师可以通过提问，了解学生对知识的理解程度，检查学生对所教的内容的掌握情况，探明学生知识链条上的漏洞，甚至产生错误的原因，全面掌握学生的个别差异和个性特点，反省自己教学中的不足或错误等，然后灵活地调整后续的教学活动。同时，学生也可以通过答问，从老师那里获得评价自己学习状况的反馈信息，在学习中不断审视自己，改进自己的学习态度、方法、习惯等，使自己后继的学习活动更富有成效。

【案例4】 回忆一下，长方形面积怎样求？正方形呢？

谁能把你操作的过程展示给大家看？

今天我们学了什么？我们在探究新问题时用到了什么思想？

什么是垂直与平行？

……

（5）能够激发学生瞬间产生顿悟的作用。在课堂学习过程中，学生如果遇到困难，在茫然不知如何克服的时候，教师可借此提出问题，促使学生自己发现学习中的知识点与其内在的相互关系，从而使之产生顿悟的作用，以此帮助学生克服困难，解决问题。

【案例5】 一位教师在教学1000−356时，一位学生说："我先用999−356算出结果，然后再加上1就是644。"此时班上许多同学还不太理解，教师追问："你怎么想到要用999来减呢？"学生自豪地说："因为999减任何一个三位数都不退位，算起来很方便。被减数是1000，只要把结果再加回1就可以了。"同学们豁然开朗，课堂上掌声响起来了。我抓住这一绝好时机，继续追问"这样做有什么好处呢？""不需要退位。""简便。""可以提高正确率。"顿时，课堂活跃了，学生的认知也在意外中得到了深化。

（6）能够有效形成一定的知识结构。教师如果要使学生将学到的新知识与旧有的知识很好地串联成一个整体，形成一定的知识结构，可以对此设计出各种类型的问题，使学生明白新旧知识的内在联系，从而产生优良学习效果。

【案例6】 教师在教学"平行四边形"时，为了加强学生对平行四边形的理解，对已经学习过的数学知识进行提问，进而让学生通过旧知识来吸收新知识，新旧知识合理安排，最后达成良好的教学效果。

师：我们已经学习了长方形、正方形，那么平行四边形和长方形、正方形有哪些特点相同？

生1：都有四条边，而且对边相等。

生2：对边不仅相等，而且相互平行。

师：回答得非常好，如此一来，我们就能够得出平行四边形的定义了，是一个对边相等而且平行的四边形。

（7）能够提高学生的理论评价水平。为了培养学生的批判性思维能力，教师通常可以设计出一系列这样的问题，要求学生对此问题提出自己的观点并给予评价，并让学生结合在现实生活中、在社会上、在学术上可能产生的影响，并分别罗列其优点与缺点，这样就能逐步培养学生建立自己的理论评价体系，提高他们分析与解决实际生活的能力。

【案例7】 在教学“三角形面积”时，老师设计了一个这样的问题，引发学生的思考。

师：两个面积相同三角形一定能拼成平行四边形吗？（启发式提问）

生1：能！（态度坚决）

生2：不能！（立场坚定）

师：（微笑）到底能不能呢？请同学们拿出网格纸，这张纸可以折，可以剪。下面同学两人一组，进行验证。

（学生们分组进行操作验证）

师：通过验证，你们有什么发现？谁来说一说？

生1：（出示两个完全一样的三角形）这两个三角形面积相同吗？是不是拼成了一个平行四边形？

生2：（出示两个面积相同但形状相差很大的三角形）这两个三角形的面积也相等，但这两个三角形能拼成平行四边形吗？

（生1所在的一方沉默不语）

生2：（洋洋得意）那么你们还认定两个面积相等的三角形一定能拼成平行四边形吗？（好一个咄咄逼人的反问）

生1：（仍不服气）我们的就能拼成平行四边形！

其他的同学开始按捺不住了，举手发言。

生3：两个面积相等的三角形可以拼成平行四边形，也可能拼不成。（真是一语中的）

生4：如果是两个完全一样的三角形，就一定可以拼成平行四边形了！（他在“完全一样”上特别加重了语气）

理越辩越明,几个回合下来,大家就达成了共识：这句话错就错在“一定”上,如果一定可以的话，前面应该加上“完全一样”这个词。

总之，在上述的几种情况下，教师皆可适当地提出相应的问题，以启发学生的思维能力。这种思维方式，虽然没有创造性的行为，但可以为创造性思维能力的发展，培植良好的基础。

第二章　课堂提问的类型及特点

课堂提问的形式多种多样，也是当今教学活动中最常用的教学方式之一。近年来，人们越来越重视课堂提问艺术的运用。对于课堂提问艺术，教师也主要根据教材内容与学生水平不同来设计不同风格的提问，这些提问看似简单，实则不然，是教师教学的综合素质与能力的体现，哪怕课堂上的一个小小提问，都能体现出教师教学的基本素养。本章主要对课堂提问的相关类型和特点进行论述。

第一节　课堂提问的类型

一、课堂提问的分类

课堂提问如何分类，有以下几种：

（1）课堂提问的方式可以遵循问题陈述的不同方式来分类；

（2）课堂提问还可以按照主题明确的程度来分类；

（3）课堂提问还可以按照问题的难易不同来分类；

（4）课堂提问也可以按照问题的主次内容来分类，比如，主要问题和次要问题。

以上几种分类，不管被提问的对象是个别学生，还是整个班级的学生，也不管问题的提问主题是属于概念方面的，还是属于情感方面的，都可以按以上几种方式来分类。

19 世纪末，心理学家们曾对提问的分类经过仔细地研究与探索，在实践中得出以下结果，就是可以把提问内容分成三种类型：

首先，对问题内容的记忆性。对概念性的知识，学生可以凭记忆回答老师的问题。这类记忆性的提问，主要目的是为了巩固所学的知识，防止学生遗忘。

其次，对问题内容的思考性。主要是指学生通过对所学的知识经过思考能准确回答出老师的提问。主要是针对学生在相似的知识点上容易混淆其作用而作出的特别提问。思考性问题不仅让学生掌握了知识概念，而且还理解并掌握了知识点的运用与深层含义，引导学生从浅层认识逐步过渡到更深一层的认识。这样的问题能进入学生的思维空间，学习效果自然不言而喻。

最后，对问题内容的探索性。对于探索性问题的教学，教师可以在原有的知识基础上进行更深层次的提问，引导学生对知识的进一步理解。学生通过一系列的问题摸索之后，从中发现了问题之间的相互联系，从而找到了解题思路。这种探索性问题非常适合学生的动手实验活动，对激发学生的创造性能力作用是很大的。

记忆性提问的作用主要用于对学生知识点的巩固与掌握，它是教师们经常运用的一种提问类型。这类问题的作用主要让学生运用所学的知识去创造新的事物。通常说来，60%以上的教师，在提问中最关心的是学生的知识记忆，这是有一定原因的。第一，知识点在被提问之前，学生已经知晓了，而学生对学过的知识是最容易回答的；第二，课程的目的是让学生获得新的知识点，而教师在设计思考性问题时提前需要做各种准备，甚至要比对设计思考性问题本身所花的时间还要多，这样就会消耗教师大量的精力；第三，在某种程度上，思考性问题或探索性问题都能大大活跃课堂气氛，提高课堂互动的效果，但对考试所需要的成绩却不一定能保证，因为当今的考试对学生的知识记忆要求比较高，而对思考性问题要求比较低。尽管我们也承认，思考性问题与学生的知识的积累是成正比的，但在实际过程中，教师设计的每 5 个问题当中，只有 3 个问题是含有知识点的，另一个问题是属于课堂纪律或管理问题的，而只有一个问题是属于思考性的。要把记忆性和思考性两种类型的问题结合起来具体运用的话，教学效果显而易见，但在现今的实践教学中是不多见的。

在以上的三种问题分类当中，如果按课堂提问的形式来分类的话，有以下几种：

（1）设问型。设问型就是教师根据教材设计提问，主要特点是老师自己提问自己来回答，并不要求学生马上作答。这种设问型语句，能够将学生的注意力引导到问题上来，使问题有承上启下之感。

【案例 1】 在教学“平行四边形面积”时，教师往往会进行设问。

师： 我们已经学习了三角形的面积的求法，三角形的面积公式是什么？对，是用底乘以高除以 2。（板书）

师： 那么对于平行四边形，它的面积该如何求呢，能不能从三角形面积的求法中获得一定的答案呢？哪位同学可以给出一定的看法？

设问型语句常用于学生的复习课中。设问不仅用于复习中，而且还用于引入新课，一般不是知识的简单重复，是着眼于培养学生多向思维的能力，以利于学生知识的巩固和提高。其作用是设置问题悬念，以激发学生的学习兴趣和求知欲望。这种设问，常与学生的日常生活密切相关，使学生在回答问题时很容易就跟自己的日常生活联系起来。

（2）追问型。追问型就是教师把所教授的知识点划分成一个个小细节，一个细节一个细节地组成大问题。其特点是教师提问的语句较短，问题与问题之间间隙时间较短，能营造热烈的课堂学习气氛，能有效锻炼学生敏捷的思维、灵活的头脑及良好的学习品质。追问能使学生的注意力保持一定的稳定性，激发其积极思考，有利于学生全面知识的掌握。

【案例2】 在教学“3的倍数”时，教师设计追问型问题。

师：同学们，上节课咱们学习2、5的倍数的特征，谁能说说2的倍数、5的倍数有什么特征？（适合中等生、后进生的问题，安排后进生回答较好）

生1：2的倍数能够被2整除，5的倍数可以被5整除。而且2的倍数都是偶数，5的倍数末尾是0或5。

师：那你们能利用2、3、5这3张卡片分别组成“2和5”的倍数吗？

生2：2的倍数为352、532，5的倍数为235、325。

师：你们能利用这3张卡片上的数字，组合成3的倍数吗？

生3：253和523。

师：你们同意吗？

生：同意！

师追问：你为什么这么摆？猜想一下3的倍数会有什么特征？

……

（3）疑问型。疑问型问题是由教师在知识点处埋下伏笔，设下疑点，提出问题，让学生觉得有趣，乐意去寻找问题的答案。提出自己的观点并引用事例说明，做出答案。由于教学过程中受诸多因素制约，会使个别学生的学习留下疑点。每一节课应留一点时间让同学们把问题提出来，使教师有针对性地进行解疑，使教师所传授的知识更为完善。对于学生的回答疑问，教师可根据学生回答的问题是否带有普遍性来考虑是否个别或当众补足作答。倘若学生的提问是非常简单的问题，或者教师前面已经讲授清楚，此时教师也不要粗暴地拒绝回答，而要造成一种亲切和谐的课堂氛围，使学生有疑敢问、有问敢提，进而将疑难问题分别处理好。

【案例3】 教师在讲解三角形的内角时，讲到了三角形的内角和。

师：三角形共有三个内角，并且这三个内角的和是固定的，为180°，那么大家想想，三角形这三个内角的外角和是多少度呢？

（4）互问型。互问型就是由学生自己提出问题、自己回答问题的一种方式。互问是一种“你来考考我、我来考考你”的课堂教学活动。有经验的教师常采用这种互问、互考的学习方式来激励学生的兴趣，调动学生的积极性，具有一定的效果。互问方式较为灵活，可以放在小组进行，也可以放在全班进行。应确定问题的范围，有效引导学生围绕教学重点去开展互问互答的活动，当学生回答问题出现“卡壳”时，教师要及时做好“穿针引线”的工作，使互问活动顺利进行下去。

（5）顺问型。顺问型就是教师按照教材的先后顺序、逻辑关系和学生认识事物的心理特点，进行提问。顺问的特点主要是与教材的前后顺序一致，结合学生认识问题的一般特点来进行的一种课堂教学方式，但它还不能够形成热烈的课堂气氛，不能像追问型与疑问型那样激发学生的学习热情与思维活动，它比较适合逻辑性较强的题材内容教学。

【案例4】 在教授正方体的面积的课堂上，教师做出了如下提问。

师： 正方体是一个立体图形，它和平面图形在面上有什么差别？一个正方体由几个正方形构成？那么它的面积又该怎么算？

（6）曲问型。曲问型问题主要是针对问题的提出设置悬念感，提问不直入主题，而是让问题的路径迂回曲折，拐上几个弯子，教师问在此而意在彼。用这种方法提问，使学生能够明确课题的具体目的和意义，并有效引导学生进入良好的思考状态。

（7）比较型。比较型问题就是教师对所设计的问题进行综合归纳，从中提炼出可进行比较的问题，引导学生在问题的相互比较中找出恰当的结论。比较式提问能够打开学生的思路，帮助学生在比较异同时认识事物，从而达到理解问题的目的。比较型问题适合气氛不够活跃的课堂情境。

（8）急问型。急问型问题就是教师在课堂上一连串地发出问题，让学生们能够争先恐后地抢答。一连串的急问能够营造热烈的课堂气氛，节省教学时间，锻炼学生敏捷的思维、灵活的头脑、热爱学习的品质。但也容易给教师造成一定假象，像这样急问型提问，一般内容较为简单，学生只要了解课文就能回答上来，因此，动脑的机会较少。

【案例5】 在讲公倍数的课堂上，教师给出了6、9、12、50、89、101、204等几个数字，并向学生提问。

师： 本节课讲的是公倍数，谁知道什么是公倍数？

生： 公倍数就是两个或多个数共同的倍数？

师： 那么在上面几个数字中，哪些数是1和2的公倍数？2和3的公倍数？说说你们如何找到的？

（9）平问型。平问型问题就是教师提出的问题语气平缓，慢慢引导学生进行思考。这样的问题较为平静，学生听后慢慢进入思考，也不需要学生马上回答，给学生时间去回忆、去比较，从中受到启迪。平问的特点是提问时老师与学生学习气氛较为安静，教师的语气舒缓，学生可以慢慢思考，并不着急让学生马上回答。这种提问方式比较适合有难度的问题。

【案例 6】 长方形的面积怎么求？那么正方形的面积呢？除此以外，我们又该怎么去求平行四边形的面积、梯形的面积？

（10）开拓型。开拓型问题用于培养学生把学到的基础知识及原理如何运用到创造性的活动中，具体可分为三种：

1）方法性提问。主要目标在于引导学生巩固所学的知识，并教会他们综合运用所学的知识，从而提高获取新知识的效率。

2）规律性提问。主要目标是启迪学生用学到的知识去比较、分析、整理和归类，并学会发现其中的认知规律。

3）创造性提问。主要目标是培养学生拥有丰富的思维与创造力。

二、课堂提问的类型

课堂提问可依据所提问题的类型不同而进行分类，比如美国的贝尔按照事实、技能、概念、原理四种对象与认识、理解、应用、分析、综合、评价六种认知水平交叉结合，把问题分成 24 种类型（如事实理解、事实分析、技能应用、技能评价、概念认识、原理综合等）。[1]也可根据提问的目的和作用分为引入性提问、复习性提问、启发性提问、显示性提问、表现性提问、激趣型提问、联想型提问、类比型提问、悬念型提问、迁移型提问、暗示型提问、猜想型提问、发散型提问、反馈型提问等类型。这是从教师的主观愿望的角度考虑的分类。[2]实际上，提问是师生双方的共同活动，教师更要关注的是提问对于学生思维活动的激发和主体作用的体现问题。因此可以按问题本身进行分类，如概念性提问、定理性提问等；还可以按照学生的认知水平进行分类，有低级认知问题、高级认知问题，还可细分为记忆型问题、理解型问题、分析型问题、评价型问题等。

（1）复述性提问。复述性提问，即要求学生复述教材的提问。教科书里重要的概念、公理、定理、性质、法则，是数学基础知识的组成部分，也是学生数学思维的重要“元件”，许多内容学生必须首先熟记它们。

---

[1] 王红异 . 论数学课堂提问的类型 [J]. 青少年日记（教育教学研究），2013（06）.

[2] 王流莹 . 数学课堂提问的类型 [J]. 中小学教学研究，2011（4）.

【案例1】　在讲三角形一课中，教师进行提问。

师：什么样的图形是三角形？具体概念是什么？什么是等腰三角形？什么是等边三角形？三角形的面积公式是怎样的？

（2）铺垫性提问。铺垫性提问，即学生学习新知识前的提问。这种提问的目的是为学生学习新教材扫清障碍，铺垫性提问的问题所涉及的内容往往是学生已经学过，并且在讲新知识时又要用到的。

【案例2】　某教师课堂讲授求梯形的面积。

师：我们已经学习了平行四边形面积的求法，你们说如何求一个平行四边形的面积？

生：用这个平行四边形的底乘以高。

师：非常正确。平行四边形的面积就是用底和高相乘。本节课来讲解梯形面积的求法，其实梯形和平行四边形还有一定的关系，所以面积的求法也具有关联性。下面我们来看看二者有什么关联……

（3）理解性提问。理解性提问，即为加深学生对知识的理解进行的提问。学生刚学新概念、新规律后，并不是马上就能理解。[1]为了加深学生的理解，教师可以提出一些不太复杂的问题，促使学生对所学概念有比较清晰的理解。

【案例3】　教师在讲解单位换算时，为了更好地让学生提高对单位换算的理解，做出如下提问。

师：我们平日里经常会接触一些不同的单位，如时间单位、重量单位、长度单位等，那么你们知道这些单位都有什么吗？

生1：时间单位分为时、分、秒，大的还有天、年等。

生2：我经常看到的重量单位是公斤、斤、千克和克。

生3：长度单位一般有厘米、分米、米，有时候还会用到千米、公里的。

师：你们说得非常好，但是你们知道什么是单位换算么？这就是今天要讲的内容。单位换算就是同一性质不同单位之间的换算。如时间单位的换算为：1小时=60分，1分=60秒，它们之间为60进制。那么你们能够对其他的单位进行换算么？如长度单位？

（4）探索性提问。探索性提问，即引导学生探索解题思路的提问。这样的问题提问应能启发学生积极思维，帮助他们主动探索解题思路。此类问题并不需要很多，并且不能离开学生的实际水平。提问的梯度不能太大，否则启而不发；梯

---

[1] 王流莹.数学课堂提问的类型[J].中小学教学研究，2011（4）.

度也不能太小，否则学生的思维过程被教师“包办”。[1]

【案例4】 在教学三角形内角和的时候，教师在黑板上画出了一个等腰直角三角形。

师： 根据我们学过的知识，你们知道三角形的内角和是多少度？

生： 180°。

师： 那么这里这个是等腰直角三角形，它的内角和呢？

生： 也是180°。

师： 那它的两个锐角呢？

生： 45°。

师： 那考考你们，它们的外角是多少度？外角和呢？

（5）效果性提问。效果性提问，即检查学生学习效果的提问。这类问题的目的在于了解学生的学习情况，发现问题及时补救。这类提问往往和巩固知识结合起来。在学生回答的过程中，教师可以依据“反馈”回来的信息，对学生的误解和错误及时给予纠正。

【案例5】 教师在讲质数与合数的知识时，运用了四个正方形的模型，并对学生进行提问。

师： 你们能说出这几个正方形可以拼出几个不同的长方形么？

生： 能够拼出一个。

师： 只能拼出一个么？

学生陷入沉默。

师： 没有限定要用几个的。

生： 能拼出1个、2个、3个。

师： 那你们能分别量出它们的长度和宽度么？

（6）概括性提问。概括性提问，即要求学生概括学习材料的提问。对学习材料能够进行概括，才能提高数学教学的理论水平。教师进行概括当然是可以的，但是，有些时候概括过程让学生来做，有利于培养学生的数学能力。此类问题的提问可选择中等难度的材料。

【案例6】 教师在讲解了角的知识后，进行课堂提问。

师： 本节课重点对角的知识进行学习，那么你们能不能总结一下什么是角？角的相关特性有哪些？

---

[1] 李红霞.课堂提问的类型及其技巧[J].文学教育（下），2014（02）.

第二节　课堂提问的作用及特点

一、课堂提问的作用

提问是教师教学经常使用的教学手段。它被用于各教学环节之中，成为联系学生思维活动，开启学生智慧之门的钥匙。[1]

（一）定向

教师发问，学生生疑。在教学过程中，提问是引导线，它把教学活动有机地联系起来，使学生的兴趣和注意力成序列地集中到一个个专题或概念上，从而使学生产生解决问题的自觉意向。

例如：植树问题在学生的日常生活中经常遇到，但是孩子们对于“植树问题”和“间隔”“棵数”“间隔数”这些概念以及它们之间的关系还是比较陌生的。所以在课堂教学时，教师发挥提问的定向功能，可将学生的生活实际与课堂教学所教授的知识建立起紧密的联系。

在教学中教师做如下的设计：

师：每位同学都有一双灵巧的手，它们不但会写字、画画、干活，在它们里面还藏着有趣的数学知识，你想了解吗？请举起你的右手。（五指伸直、并拢、张开）

师：张开的五指中有几个空隙？（4个）数学中我们把这个“空隙”叫“间隔”。（板书）我们发现5根手指中有4个间隔，那么4根手指呢？3根呢？

师：生活中的“间隔”到处可见，你能举几个例子吗？（两棵树之间、两个同学之间、钟声……）

……

师：同学们，刚才我们了解的5根手指间有几个间隔，爬楼梯要几层，铁链需要几根柱子等，数学中统称为“植树问题”。（板书）

这一小案例在设计的时候，在充分了解学生已有经验的前提下，教师通过一个生动的数手指的游戏，运用启发式提问引导学生思考，使得他们把自己已有的、与本节学习内容有关的经验进行提取和整理，通过这一系列的问题将学生的思考指向了课题。

---

[1] 梁玉兰．属性均课堂提问的艺术 [J]. 教学与管理，2004（33）.

（二）激发学生学习积极性

提问能直接推动学生探求知识，“不愤不启”“不悱不发”，针对学生思维特点，提问可以激发学生学习兴趣、激励学生积极参与教学活动，发挥他们的主体作用，把学生引入“愤”“悱”的境界，达到“启”“发”之目的。

在引入课时，设计巧妙的提问，会产生强烈的震撼力，唤起学生“究根问底”的探究兴趣，使学生产生强烈的求知欲。在讲解过程中，教师提出启发性问题，可以使学生深入地探求事物的本质，乐思、善知，开展积极思维；结束课时，教师通过提问，对学生行为进行评价、鼓励，或设下悬念，能够增加学生继续学习的动力，保持学生稳定的学习兴趣。

在五年级“通分”的教学中，使学生掌握把两个分数通分的方法是教学的重点与难点。在引导学生探索通分的方法时，教师出示一幅图。

师：一个停车场有40辆汽车，红颜色汽车占$\frac{3}{10}$，黑颜色汽车占$\frac{1}{8}$，你认为哪种颜色的汽车多一些呢？可以怎么做呢？

生：我们可以比较两个分数的大小，就可以知道哪种颜色的汽车多了。

师：说得真好，但是$\frac{3}{10}$和$\frac{1}{8}$，这两个分数既不是同分母分数，又不是同分子分数，我们怎样比较它们的大小呢？你有办法吗？（综合提问）

学生活动：

（1）小组内交流预习结果。（学生互相交流如何证明）

（2）组内交流，学生合作探索。

教学时，教师通过提问“$\frac{3}{10}$和$\frac{1}{8}$，这两个分数既不是同分母分数，又不是同分子分数，我们怎样比较它们的大小呢？”，激发了学生解决问题的强烈愿望。有的同学把两个分数转化成同分母分数比较大小，有的同学把两个分数转化为同分子分数比较大小，有的同学通过画图比较两个分数的大小，有的同学把分数转化为小数比较大小……

教师的一个问题产生了强烈的震撼力，唤起了学生们对如何比较“$\frac{3}{10}$和$\frac{1}{8}$”大小的探究兴趣，引发学生积极探讨的热情。

（三）启发思考，发展能力

“问题就是矛盾”，提问过程是揭示矛盾和解决矛盾的过程。发现问题之始，便是开动思维机器之时。好的提问，使学生意识到矛盾的存在，学生开展积极思维，就能变被动的学习为主动的探求，对他们获取知识，提高能力，发展智力极为有益。在师生开展讨论的过程中，学生不仅自己准备发言，还要认真听取别人发言，进行分析、综合、判断，把别人的见解与自己的见解比较、辨别，组织语言，阐述个人观点，就能够有效地锻炼他们听、说、分析、概括等能力，也能培养他们敢于发表意见不盲从，敢于争辩的精神。高质量的提问，可以启迪、发展学生思维，帮助学生提高获取、组织和评价信息的能力。

教师提出问题，能够激起学生的认知冲突引起学生认知结构的矛盾，启发学生去想问题、研究问题，通过自己的思维活动和实际操作来解决问题，获取知识。在课堂教学中，无论是教师的设疑还是学生质疑所产生的“悬念”，都是学生思维的“启发剂”。

在教学“最小公倍数”时，教师首先结合实际情境，出示如下内容：体育课上，体育教师要求学生分组踢球，每3人一组或每5人一组都正好能够分完，那么学生可能的人数是多少，最少是多少人？

师：谁来说说你是怎么想的？（综合提问）

生1：因为要求3人一组或5人一组都恰好分完，所以我找出3的倍数和5的倍数，在从中找到相同的，所以15、30、45、…都可以是，最少也要有15人。

师：回答非常准确，理由很充分。（评价）

过渡：可能人数就是3和5的公有的倍数，最少人数是3和5的公有倍数中最小的，叫作最小公倍数。今天我们就来一起研究：最小公倍数(板书最小公倍数)

师：看到这个题目你有什么想问的吗？（依从提问）

生1：什么是最小公倍数？

生2：为什么求最小公倍数？而不是最大公倍数？

教师结合实际情境提出问题，引发学生积极的思考，变被动的学习为主动的提问，让学生对学习最小公倍数产生兴趣。通过对题目的质疑，学生自己提问，启发思考，激发学生对“最小公倍数”的学习欲望，让学生对最小公倍数的概念、范围有了更准确的认识，不仅获取了知识，而且提高了提出问题、解决问题的能力。

（四）反馈矫正

通过提问，可以了解学生的学习情况，诊断阻碍学生思维发展的困难所在，并给予及时指导。在课堂中，学生思维极为活跃，即时提问是教师实施反馈矫正方便、灵活、有效的手段。

教师在教“三角形的面积计算”时，重点是学生根据已学过的图形进行拼摆，推导出三角形的面积公式。

师：两个完全一样的三角形可以拼成一个已学过的什么图形？（学生动手拼摆）

生1：用两个完全一样的直角三角形可以拼成一个长方形。

生2：用两个完全一样的等腰直角三角形可以拼成一个正方形。

生3：用两个完全一样的一般三角形可以拼成一个平行四边形。

师：这几位同学拼的对吗？（反馈矫正）

（1）拼成的图形的底是原来三角形的哪一条边？

（2）拼成的图形的高是原来三角形的什么？

（3）三角形的面积是拼成的图形面积的多少？

（4）怎样表示三角形面积的计算公式？

（5）为什么求三角形面积要用底乘以高再除以2？

通过一系列这样的反馈矫正提问，既有逻辑性又有启发性，不仅能使学生较好地理解三角形的面积计算公式，而且能发展学生的思维能力。

二、不同课堂提问问题的作用

要想更好地在实际课堂教学活动中运用不同类型的问题，就需要对不同类型的问题各自在学生数学学习活动中起到的作用有充分的了解。

教师提出一个问题，必然是希望这个问题在教学活动中起到积极有效的作用，有效的课堂提问，应是问题更好、更少，更有广度、深度，让学生更加积极主动地想象、思考和行动。[1]影响小学数学教师不同课堂提问类型的作用的因素很多，一方面是问题本身是否能唤起学生对学习的兴趣，教师是否用恰当类型的问题来吸引学生的注意力和帮助学生思考，进而对问题进行回答，另外还受到学生精神状态、教师提问时机、教师对学生回答的反馈等因素的影响。教师充分认识到不同类型问题各自在教学活动中所起的作用，能够帮助教师在教学活动中更好地运用上不同类型的问题。

（一）管理型问题的作用

管理型的问题可以帮助学生尽快进入学习状态当中，能够帮助教师管理课堂教学活动。通过研究发现，教师通常会提出一些教学内容之外的问题，如“大家是不是准备好了”“有没有哪个同学走神了”等问题。这种问题看似与教学内容无关，但对于小学学段的学生来说，他们注意力不够持久，自律精神不强，教师这样的提问更是一种督促和提醒，帮助他们把注意力集中在所学的内容上。

（二）数学学科型问题的作用

数学学科型问题分为识记型问题、理解型问题、应用型问题、分析型问题、

---

[1] 王方林．何谓有效的课堂提问 [J]．教育理论与实践，2002（7）：45-47.

综合型问题和评价型问题，教师提出最多的是识记型问题。识记型的问题可以帮助学生们回忆以前的知识，进而为新的知识讲解做铺垫。如教师在讲授圆的面积之前，会提出一些关于圆的直径、半径、周长的问题，这类识记型问题是通过提出一些考察学生们对基本数学概念、定义、公式的理解和掌握的问题，既可对该部分内容的基础知识进行回顾，也能很好地将学生的注意力转移到教师的讲授活动上，这对于提高学生上课学习效率有很大的帮助。

但是仅仅有识记型问题对于提高学生认知水平是不够的。在小学数学课堂提问过程中，还应当做到尽可能多地准备各种类型的问题来适应不同层次的学生，充分发挥各个层次问题的作用。对于数学基础薄弱、掌握知识比较慢的同学，可以多运用识记型、理解型的问题帮助他们更好地掌握所学内容，鼓励并帮助他们尝试解决一些应用型问题，逐渐培养他们对数学学习的兴趣和信心；对于基础比较好的同学，可以适当提出一些分析型问题与综合型问题，即创新性的或者实际应用性较强的问题，以此帮助他们灵活运用已经掌握的数学知识，进而达到更高层次的学习水平。

另外，教师在对不同类型的问题进行准备和梳理的时候，可以参考多种分类方式，结合学生实际学习情况，提出适合学生自身的问题。在提问和回答之后，要为学生的回答给予合适的、及时的评价与反馈。教师及时与恰当的反馈可以帮助学生了解自己的学习状况，而且保护了学生学习的积极性和主动性，让他们能够清楚自己在后续学习过程中努力的方向。

（三）总结型问题的作用

许多教师在一节课结束时会向学生提问："我们这节课学了什么呢"或者是"有哪位同学把这节课的收获同大家分享一下呢"。教师提出这种总结型问题能够有效帮助学生梳理、总结整节课上学习的知识点。虽然学生在回答问题的过程中很难将内容总结完整，但每个同学说出一些，教师再予以完善，就能够在问答的过程中帮助学生巩固所学知识，并且逐步学会构建自己的知识框架。因此，总结型问题有助于学生提高学习效率。

三、课堂提问的特点

课堂教学提问是讲究提问艺术的，不是随意提问的，而是要紧紧围绕课堂教学中心进行的。课堂提问的内容与形式都是教师在授课前精心设计好的，提问的内容在教学活动中应具有代表性，提问的形式也要多种多样，否则提问就会偏离课堂教学中心，达不到提问应有的效果。

（1）课堂提问要难易适度，注意合理性与科学性。教师在提问前要熟悉教材，还要把了解学生的事做好，在把握好提问难易程度的同时，不能让学生感到问题难以回答,也不能让学生不费什么力气答出。而要使学生“蹦起来才摘得着”。如果问题难度太大，教师要注意提前设计铺垫性提问。

（2）课堂提问要新颖别致，注意问题的趣味性。课堂提问的艺术性表现在提问的内容不要太空泛，问题要新颖别致，使学生听后能够产生浓厚的兴趣，继而积极思考问题。对于较陈旧的知识点，教师也要注意变换一下位置，让问题充满神秘的味道。

（3）课堂提问要循循善诱，注意提问的启发性。启发性问题是课堂提问的一个主要方面。缺少启发性的提问是要不得的，因此要避免那种什么也不分，碰到哪就把问题提到哪。要尽量避免单纯的判断性提问（如“对不对”“是不是”等）如果多采用疑问性提问的话，学生的大脑在思考问题时会得到锻炼，如果要让学生在提问中不断受到启迪的话，教师还要注意运用发散性提问、开拓性提问才行。课堂提问要注意因势利导，教学活动中要注意灵活变化课堂教学的形式不是一成不变的。学生答问中也可能出现这样那样的问题，如答非所问，或干脆答不出来等。所以，教师在提问时要注意多运用“随机应变”的方法，根据课堂变化的情况，有针对性地提出问题。不能不顾课堂情况的变化生硬地照搬照用课前设计好的问题，而要根据变化灵活运用课堂提问，学生答不出时不要一个劲地追问。应多运用疏导性提问、铺垫性提问，以适应课堂情况。

（4）课堂提问要注意对学生正确的答问作出评价并及时给予鼓励。学生答完问题，教师要给予充分肯定，在充分肯定的同时要指出不足，提出期望。切不可对答错的同学白眼相待、冷言相语，也不能无缘无故地赞美。教师应给每个学生以成功回答问题的机会，并指明努力的方向。

（5）课堂提问要面向全体，注意提问的广泛性。教师提问不能偏向个体，而应面向全班同学，然后根据教学目的与要求，有目的地选择提问对象。这样做的目的就是让每一位学生积极动脑思考，促使每一个学生用心回答问题。由于目前教师的提问对象总停留在少数“尖子”生身上，使得大部分学生对问题的回答不是积极的而是消极的，这样会导致他们思维能力愈来愈差，学习也不会好到哪里去。因此，教师在提问时一定要注意问题的“广泛性”，即使在提问个别同学时，也应该注意让其他学生认真听。有的教师在这些方面做得很得力，比如教师说：“现在请 ××× 同学来回答，其他同学注意听他回答得对不对，然后说说自己的看法。”这样就使大部分学生尤其是中差生都能积极思考认真听讲了。

（6）课堂提问应因材施问，注意设计有针对性的提问。课堂提问要考虑的问题不是一点而是很多方面，对不同性格、不同基础的学生，都要采取不同的提问方法。即使是同一年级的学生，鉴于彼此间知识基础和能力水平的差异，所提问的内容和方式也应有所区别。问题太难了，反而把学生吓回去了；而问题太简单了，学生不加思考就解答出来，不能起到调动学生积极思考的作用。当然，课堂教学时，教师没有办法为每一个学生单独制定一套提问，但把握好提问的顺序和难易程度，设计相应问题，还是可以做到的。

除此之外，课堂提问还应注意以下几点：

第一，教师提前优选问点，在知识关键处设问。所谓问点，就是知识的引入点，在新旧知识相结合时，如何自然引入新知识，教师提前优选问点是非常必要的。一般地说，问点应选在知识的重点和关键之处，如新旧知识的衔接处、转化处，以及容易产生矛盾或疑难的地方。

第二，提问要选准时机，在教学当问处提问。选准时机，对于课堂提问很关键，提问时机选得准，就能起到事半功倍的作用。从教学的进程来说，讲课刚刚进入正题时，这时的学生注意力还不够集中，教师要及时提问，通过这种方式将学生的学习劲头调动起来。在课程进行中，如果学生的回答受阻或受到思维定势干扰时，教师一定要排除干扰，引导回答，使课堂教学按计划顺利进行。课尾讲授时间较长，学生容易产生疲倦的状态，这时教师及时提问，让学生可以重新振作精神，重新投入学习中；从教学的灵活性来说，学生答问无奇不有，教师要依据具体情况变化灵活运用反问、疏问或追问的方式来管理好课堂秩序。

第三，课堂提问要掌握分寸，在知识的难易适中处设计提问。课堂提问不要太偏向少数学生，要关注大多数学生，设计课堂提问时要难易适中，问题设计难度太高，只面向少数尖子生；太容易，连差生不动脑筋都能回答，这些都不行。教师应从大多数着手，使大部分学生想一想都能回答得出。有的教师提出，在复习旧知识时，应当问后进生；传授新知识时，应问知识的关键处；巩固练习时，问后进生容易出错处。还有的教师建议，课堂提问应注意广度、挖掘深度、设置坡度，力求精度，这些都不失为掌握提问分寸的好方法、好经验。

第四，课堂提问应注意提问对象，在学生的需要处提问。由于每个学生的具体情况不同，在课堂教学中，他们需要的问题也不同。作为教师，应尽量满足不同层次的学生要求，要多设计一些不同层次的课堂提问，比如，要求回答“是什么”的判别型问题；回答“怎么样”的描述型问题；回答“为什么”的分析型问题；回答“有什么异同”的比较型问题；回答“有哪些不同意见”的创造型问题。其中，第一种问题主要针对差等生提问；第二、三种提问主要针对中等生；第四、五种提问主要用来提问优等生。对不同基础的学生进行不同层次的提问，可使各类学生都有积极思考的机会，都有新的收获。另外，提出问题和选择答问对象时也应注意根据不同答问对象区别对待。一般地说，平时举手少的学生优先提问；多次举手而一次未得者也可让其答问；欲举不举的学生，为鼓励其发言，调动发言的积极性，就让其先回答。当然这几条“先”不是一成不变的，教师要根据课堂上的情况灵活运用。

最后，教师还应根据变化了的情况选择不同的提问用语，来使提问规范化。例如，针对知识性水平的提问，教师应采用“说出”“什么是”“是什么”等；针对理解水平的提问，教师可采用“用你自己的话来叙述”“请说明”等这样的语句格式来提问；针对运用水平的提问教师可采用“举例说明”“运用”“做”等这样的问句来提问学生；针对分析水平的提问教师也要采用“请分析”“请证明”“为什么”等这样的问语来提问；针对综合水平的提问教师也要用“请总结一下 ××”“综合说明 ××”等这样的语句。提问主题不能模糊，不能主题不明，让学生不得要领，无法回答。

第三章　高效的课堂提问原则

高效的课堂提问能够让教师和学生展开良好的沟通，使教师通过精心策划的教学环境和氛围激发学生参与到教学中来，让学生对提出的问题形成疑惑心理，进而开动思维，积极探索。本章针对课堂高效的提问原则进行分析，有利于教师把握课堂提问的尺度，促进师生有效互动，提高课堂教学的实效性。

第一节　进行有效提问

老师的有效性提问是指老师根据课堂教学的目标和内容，在课堂教学中精心设置问题情景，有计划地、针对性地、创造性地激发学生主动地参与探究，不断提出问题、解决问题的课堂教学提问方式。这种提问方式既可以调节课堂气氛，促进学生思考，激发学生的求知欲望，培养学生的口头表达能力，又能促进师生间的有效互动，及时地反馈教学信息，提高信息交流效益。

一、课堂提问有效性的特征

在教学过程中，课堂提问是一项设疑、激趣、引思的综合性教学艺术。它是联系老师、学生和教材的纽带；是开启学生智慧之门的钥匙；是信息输出与反馈的桥梁；是引导学生一步步登上知识殿堂的阶梯。因此，课堂提问的有效性应具有以下特征。

（一）科学性

科学性的前提是了解学生，吃透教材。老师要充分了解学生的年龄特点与他们的认知水平，即正确认识学生并科学地估计他们的知识和智力水平，真正做到从学生出发。

此外，老师对教材内容要熟练掌握，理解其深刻内涵。老师提问的语言要规范，简明扼要，针对性强，提问就要做到科学得当，有效地激发学生思考的积极性，活跃课堂气氛，提升学生的智能水平。如果提问不当，就会造成启而不发的局面，最后还是变成老师自问自答。

例如，教师在课堂上教授除法的时候，对学生进行提问："什么是除数？

什么是被除数？他们能否互换位置？所得的结果是否相同？是否有着同样的意义？”

（二）启发性

好的提问应该富有启发性，应该是把注意力放在激发学生的思维过程上，而不应该急促地迈向结果。

启发性的另一个重要方面是老师的问题要能引发学生提出新的问题。著名科学家爱因斯坦说：“学生提出一个问题，往往比解决一个更重要。”[1]因此，老师应鼓励学生自己去揭示问题、探索知识和规律，体会一个探索者的成就，让学生获得自主探索的成就感。

对于启发性的提问，教师可以结合学生已经学习的知识内容，一步一步地深入提问，让学生能够在教师的引导下，不断开动思维，将学习过的知识综合运用，最后给出合理的答案。如在讲授角的知识时，教师进行提问：角是由什么构成的啊？都有什么样的角呢？不同角的度数范围是多少？角的度数能超过360°么？为什么？

（三）创造性

创造性指老师应关注学生的逆向思维和发散思维，关注学生情感、态度等方面的反应，提出的问题要能产生“一石激起千层浪”的效果。

创造性应是有效性中含金量最高的指标，是培养学生求异思维和创新品质的灵魂。老师所提出的问题应是开放性的，不是封闭性的，不要只有一个标准答案，因为这样的问题常常带有假设性，会给学生广阔的思维空间，引导学生从不同的角度对问题进行分析、思考，使他们保持对问题的兴趣，从而活跃学生的思维，使他们产生多向联想，从而多方面地思考，提出自己独特的见解同时通过对发散出来的想法的分析、比较、综合，又可实现思维的优化，求得思维的共鸣。

【案例】 教师在讲授平行四边形的时候，对学生进行了如下提问。

师： 平行四边形和长方形有什么区别呀？

生： 长方形的角是直角，平行四边形的不是。

师： 那么可以说长方形是特殊的平行四边形么？

生： 可以。

师： 那么根据学过的知识，你们还能列举出哪些特殊的平行四边形呢？

---

[1] 赵岭 .科学引导学生提出问题 [J]. 现代教育科学（中学教师），2009（01）.

（四）适度性

适度性是指要把问题提得准、提得富有启发性。《学记》中说“善问者如攻坚木，先其易者，后其节目”，❶讲的就是这个道理。问题过易或过难，都会使学生产生厌烦或压抑的心理。

那怎样的提问才算是适度呢？有位教育家说得好：“要把知识的果实放在让学生跳一跳才能够得着的位置。”❷这个比喻生动而准确地告诉我们：课堂提问既不能让学生有望而生畏之感，又不能让学生有不动脑筋就能轻易答出的懈怠。要让学生感到“三分生，七分熟，跳一跳，摘得到”。适度的提问能激发学生的好奇心、求知欲和积极的思维，促使学生通过努力取得良好的成果。只有这样，学生才能感到由衷的喜悦，从而增强学习的信心，保持对学习的兴趣。

如教师在讲数的时候，提问：“什么样的数是自然数？那么整数呢？他们之间有什么区别？是谁包括谁？”

（五）适时性

先哲孔子说过“不愤不启，不悱不发”。❸当学生处于“愤”“悱”的状态时，老师的及时提问和适时点拨，能促使学生积极热情地投入到学习活动中去；在学生“心求通而未得”“口欲言而未能”时，老师要尽可能恰当地从不同的角度提出一些新颖的问题，激发学生“学而知不足”的求知欲，调动学生积极思维的主观能动性。当学生自己推敲出新知识的结论时，会感到无限的欣慰。如教授圆柱体的体积时，可结合学过的知识进行启发，让学生在提问中掌握圆柱体体积的求法。教师可以提问：我们学过长方体的体积求法，是什么？那么圆柱体的体积和长方体的体积是不是有着类似的求解方式呢？”

（六）适量性

适量性指恰到好处地掌握提问的频率。问题的设置应疏密相间，要留给学生充分思考的时间和空间。一节课不能提问不断，否则学生无法冷静有效地思考，反而破坏了学生对学习的兴趣。因此，每一个提问后，老师都要有一定的停顿时间，以符合学生的思维规律和心理特点促进学生积极思维，使他们对问题考虑得全面周到。如教师在讲乘法时，进行提问：乘数和被乘数有区别么？能否进行互换呢？取得的积有变化么？

---

❶ 《学记》为古代典章制度专著《礼记》（《小戴礼记》）中的一篇，据郭沫若考证，其作者为战国思孟学派代表乐正克。

❷ 熊在华 . 课堂提问艺术——关于新课改下高中物理课堂提问的一些思考 [J]. 科学咨询（教育科研），2007（11）.

❸ 张丽 . 不愤不启，不悱不发——浅谈对学生提问能力的培养 [J]. 新课程（教育学术），2011（08）.

（七）鼓励性

鼓励性的问题有助于创设一个平等、民主、宽松活跃的课堂气氛。在这样的气氛下，学生的思维会空前活跃，其学习兴趣、求知欲望和思考的积极性异常高涨，学习自信心十足。

求知欲是进行创造性活动的原动力，学生主动求解的内在动机一旦被激发，就有了创造的意图和同化新知识的愿望。

二、课堂提问有效性应注意的问题

在实际教学中，对于课堂提问有效性的特征，有些老师掌握得很好，善于发问，课堂气氛活跃，学生的学习积极性很高，但有些老师却因为对课堂提问有效性的特征认识不够，提出的问题往往既不能激发学生的兴趣，也不能引起学生的思考。

那么，老师应该根据什么原则设置问题呢？

一些老师对此的把握是模糊的、随意的，提问缺乏思考的价值或缺乏探究性，不能引发学生的思维活动，事实性问题的比例较高，让学生独立思考、答案开放，或让学生进行分析、评价的问题比较少；有些老师的提问缺乏艺术性，由于问题过于呆板、机械或者语言表达缺乏艺术性，致使学生很多时候成了“应声虫”，异口同声地答“是”或“不是”；还有些老师提问的深度把握得不准，有些问题过于浅显不能反映思维的深度，而有些问题过于深奥使学生不知所云，不能引发学生积极地思考，挫伤了学生的积极性；也有些老师的提问缺乏互动性，几乎没有为学生留出提问的时间，也几乎没有引导学生主动地提出问题，而老师反复重述或打断学生发言的现象也较普遍存在。

所以，为了做到提问的有效性，老师在日常教学活动中应注意以下问题。

（一）所提问题应具有一定的开放性

封闭性的提问，以“是”或“不是”来回答问题，学生在回答问题的时候就会不假思索，并带有猜测的成分，因为回答“是”或“不是”都有50%的正确概率。所以老师在设计问题时，一定要具有开放性，让学生可以从不同的角度去思考。

（二）所提问题应具有一定的针对性

老师所提问题的内容应包括学习的重点、难点、热点。老师要围绕这些内容认真地设计问题和巧妙提问，充分调动学生的思维，拓展学生的视野。只有抓住重点、突破难点、联系热点的提问，才能提高课堂效率，才能激发学生不同角度的思维，从而拓宽学生的知识面，提高学生的科学素养。

（三）提问时要注意对象的层次性

课堂提问要以学生为本，兼顾全体学生。所谓深者得之深，浅者得之浅，均有所收获。教学是一个循序渐进的过程，要求老师在筹划课堂提问时必须抓住教材的整体要求，结合学生的认知水平，使提出的问题按知识点的难易级差递升，体现一定的坡度和有序性。

为了使问题呈现一定的坡度，老师要对学生已有的知识进行诊断，了解学生相关的知识储备，以使问题能和学生独特的认知结构联系起来。而把一个大问题分解成若干个小问题的时候，老师尤其要注意各个小问题之间的坡度，要让学生明白这样分解的理由，并能自然地把各个阶段的解决策略串联起来，从而解决原问题。此外，老师还应了解学生的个性，对不同个性的学生提不同的问题，做到因人施教。

（四）所提问题应具有一定的探究性

为培养学生的创造性思维，老师所提的问题应有一定的探究性。通过问题的设置，引导学生多角度、多途径地寻求解决问题的方法，培养学生思维的发散性和灵活性。在学生解答完老师提出的问题后，老师还应留下具有生活化又赋有探究性的空间，让学生利用课余时间进一步去探究。

（五）对提出问题做出恰当评价

老师提问后，对学生的回答应当做出适当的评价。老师的评价是极为重要的，它对于保持学生学习的积极性，让学生了解自己的学习情况，提高提问的效力都是必不可少的。否则就会流于形式，使学生无所适从。

有效评价可分为两种形式：一种是激励性评价，另一种是否定式评价。新课标强调激励性评价，但也并没有摒弃否定式评价。如果老师一味地表扬和迁就学生，对学生出现的错误不敢面对，不敢批评，这将是非常糟糕的。所以，老师应将激励性评价和否定式评价有机地结合起来，并注意方法和方式，以关心、爱护和理解学生为出发点，以不伤害学生的自尊心和不打击学生的创造性、积极性为前提，以学生能接受的方式为突破口，这样才能达到有效评价的效果。

课堂提问，既要讲究科学性，又要讲究艺术性。好的提问，能激发学生探究问题的兴趣，激活学生的思维，引领学生在知识的王国里遨游。但好的提问，需要老师做有心人，把问题设在重点处、关键处、疑难处，这样才能使问题有效，并充分调动学生思维的每一根神经，极大地提高课堂的教学效率。

三、实施课堂提问有效性的具体方法

课堂教学的主要目的是使学生获取知识、形成技能、训练思维，而课堂提问是实现这一目标的主要手段，因此，老师应提高课堂提问的有效性。那么，该如何提高课堂提问的有效性呢？

（1）精心设计课堂提问点。

1）根据学生的兴趣点进行提问。所谓兴趣点，就是能够激发学生的学习兴趣,集中学生的注意力,促进学生理解的知识点。抓住学生的兴趣点提问犹如“一石激起千层浪”，激发起学生的求知欲，让他们沉浸在思考的涟漪中，成为“好知者”；又如“柳暗花明又一村”，让学生在探索顿悟中感受到思考的乐趣。

2）抓住知识的疑难点提问。学生学习的疑难点也是教学的重、难点，抓住疑难点提问，就是要突破教学的重点和难点。

3）抓住思维的发散点提问。培养学生的创新能力，是新时期对人才的要求。创新能力的培养要在求同思维培养的基础上，强调并重视求异思维、发散思维的训练，让学生尽量提出多种设想，充分假设，沿着不同的方向自由地探索和寻找解决问题的各种答案。

（2）把握提问的时机。

提问时机主要指提问的课堂时机和提问后的等候时间。所谓提问的课堂时机：一是学生的学习情绪需要激发、调动的时候；二是学生的研究目标不明、思维受阻的时候；三是促进学生自我评价的时候。[1]

而有些老师在提问后，常常缺乏等待的耐心，总希望学生能对答如流。如果学生不能很快地做出回答，老师就会重复这个问题，或重新加以解释，或提出别的问题，或叫其他的同学来回答，根本不考虑学生需要足够的时间去思考、去形成答案并做出反应。

有研究表明，如果老师在提问后能等候一段时间，那么他们的课堂将出现许多有意义的显著变化：学生会给出更详细的答案；学生会自愿地给出更好的答案，拒绝或随意回答的情况就会减少；学生在分析和综合的水平上的评论就会增加，他们会以更多的依据为基础做出有预见性的回答，而他们的成就感也会明显增强。

因此，老师在课堂上不能“随意问”，更不能“惩罚问”，而要把握提问的时机。而在提出问题后，要给学生思考的时间，这样才能有好的课堂反应。

---

[1] 温东芸 . 浅谈课堂有效提问对学生的学习成效的影响 [J]. 新一代，2010（02）.

（3）选好提问方式。

提问的方式从内容角度说是指问什么样的问题，如：知识型问题——什么是自然数？理解型问题——用自己的话说说这个应用题是讲什么？应用型问题——你能想办法算出校园中的树干的半径吗？分析型问题——能给同学们说说你是怎样想的吗？综合型问题——根据“三角形的稳定性”，你能对生活中的物品进行改进吗？说说改进的方案及理由评价型问题这种做法你喜欢吗？说说你的理由。所以，老师应根据实际情况灵活选择提问的方式。

（4）及时对学生的回答给予反馈。

有的老师对学生回答的对错与否不作评价，马上又提出第二个问题叫学生回答，或者评价含糊其辞，使学生如坠云雾，摸不着头脑；或者只说缺点，不说优点；或者过早地把答案告诉学生，代替学生思考。这些都是不正确的做法。

而正确的做法应当是，在学生经过思考、回答后，老师给予客观的、鼓励性的评价或必要的指引。

（5）优化提问的情感氛围。

作为课堂气氛创设和保持的主导者，老师应该努力做到：

1）保持良好的提问心境。良好的提问心境，应该是老师愉快教学，自觉确立强烈的学生主体意识和“问”为“学”服务的提问观。老师在提问时既要考虑怎样教，更要考虑学生怎样学，把为学生服务作为提出问题的出发点，使所提问题成为实现“学”为主体的保证，让学生享受到自主探究、思考和发现的乐趣。

当学生的回答欠佳时，老师要以宽容、体谅的态度启迪他们，引导学生更深入、更细致地思考，努力培养学生积极的答问心理，形成民主、融洽的师生关系。

2）尊重学生的提问权。学生是一个个有着丰富而细腻思想的人，每一堂课中他们都会产生一些想法或疑惑。由于学生的自制力较弱，这些想法或疑惑一经产生，便急欲一吐为快，否则即会形成一个个思维干扰。学生是学习实践活动的主人，老师要允许学生质疑，热情地为他们创造吐露思想的机会。对于学生的质疑，老师要在态度上给予鼓励，方法上加以指导，让学生在老师亲切、赞赏的言行中产生强烈的思维意向，积极进行思维活动。

（6）优化提问的思维氛围。

1）消除学生的畏难情绪。设疑、解疑的目的是要使学生实现智力和知识中的“现有水平”向“未来的发展水平”的迁移。因此，问题总有一点难度，这就造成部分学生的畏难情绪。激发这部分学生的积极思维，首先要消除他们的畏难情绪。教育学家第斯多惠（Friedrich Adolf Wilhelm Diesterweg）说："教学的艺术不在于传授的本领，而在于激励、唤醒、鼓舞。"[1]消除学生的畏难情绪，培养他们的答问积极性，老师至少有两种策略：一是激发学生的好奇心和求胜心。心理学上称好奇为直接兴趣，求胜则是学生的天性，二者都是学生学习的内驱力，是思维的正诱因；二是热情鼓励。老师在提问时适当运用"说说看""勇敢地谈谈自己的看法""说错了没关系"等鼓励性语词，可消除学生回答问题时的一些心理障碍，诸如害羞、畏难等。对于后进生，老师还可用一些浅显的问题，使他们体验成功的喜悦，增强对学习的信心，推动积极的思维。

2）所提问题具有适应性，要面向全体学生。课堂提问的设计以学习成绩中上等学生为基点，兼顾优、差生。无论哪个班组，都存在"中间大，两头小"的现象——中等生占绝大多数。所谓面向全体学生，即课堂提问要求能使全体学生都能参与思考，不应该只针对少数尖子生，而要使全体学生特别是差生都有被提问的机会，使提问具有普遍性。课堂提问时，中等生回答的机会多一些。因此，老师的提问要以中上等学生的水平为主，使中等生经过思考后能够回答出来。为了适合优、差生的特殊需要，老师可将某些问题作一些深化，将某些问题分出层次，以便在课堂中分别向优、差生提出。例如，对优等生提问时要提有一定难度的问题，如理解性的、发散性的、综合性的问题，激励其钻研；对中等生提问时则以一般性问题为主，以帮助他们掌握、巩固知识，提高学趣，培养良好的思维情绪；而对后进生提问宜问一些浅显的问题，如简单判断性的、叙述性的、比较直观的问题，并设法创造条件启发他们思考，使他们在成功中勃发思维的激情。

3）问题要有启迪性。问题要有启迪性，即所提的问题要能激发学生思考、探索的兴趣。具有教育意义的问题能针对学生的实际，对学生的言行有潜在的影响。老师不要讲完什么后都问"对不对""是不是""懂不懂"，这样的提问效果平平。

思维是智力的核心，有效的课堂提问是进行思维、语言训练，提高学生学习能力的一种有效的教学方法。作为老师，通过科学的课堂提问，多角度、多层次地调动学生学习的内动力，加强教与学的和谐互动，能极大地提高教学的有效性。

当然，课堂环境的多变性，也会使实际的课堂提问活动表现出更多的独特性和灵敏性。老师只有从根本上树立课堂提问的正确观念，在实践中充分发挥课堂提问的灵活性与有效性，才能事半功倍，更好地达到自己的预期目标。

---

[1] 语出德国民主教育家第斯多惠的教育理念，这一主张受到了卢梭、裴斯塔洛奇、福禄贝尔等人的影响。

第二节　把握提问的度

一、提问适度性包括的种类

准确认知，难易适度提问的适度性包括以下几方面：

问题难易适度。难易适度是指在设计课堂提问时应把握分寸，老师应注意在不同的环节上设置问题的难度要有差别，尽量使每个层次的学生都有机会回答问题，而对同一个知识点的提问应注意设置问题的梯度，由易到难。

提问时机适度。首先是从教学内容方面来看，老师要选择合适的知识点和知识点的适当视角作为提问的切入点。其次，是从课堂教学的时间上把握，应选择合适的提问时机。及时的提问往往可以收到意想不到的效果，上课开始时的提问可以集中学生的注意力；上课过程中的提问可以疏通和理顺学生的思路，引导学生的思维方向，开阔学生的思维视野；而课尾的提问可以消除学生的疲劳和麻痹的心理。

问题数量要适度。也就是提问应适量，即教师们在提问时要抓住知识的关键和本质，能用一个问题解决的就不提两个问题；能直插主旨的就不绕弯子，坚决克服和摒弃“满堂问”的形式。

课堂提问是师生信息双向交流的过程，恰当的课堂提问能激发学生的兴趣，启发他们的思维，提高课堂教学效率。所以，教师们应掌握提问的适度性原则。

二、如何把握提问的“适度性”

提问要“适度”，就是指教师们要正确地估计学生的学习潜力，使问题接近学生智力的“最近发展区”，而不是高不可攀或是繁琐浅显地提问，所设计的问题应该是让学生努力思索一下就能够想出来的。因此，教师在教学时要把握课堂提问的“度”，要善于在“度”的多层次中选择最佳的切入点，这对搞好课堂教学有着十分重要的意义。[1]

那么，怎样才算提问“适度”呢？

（一）提问要有导向性

提问必须指向明确，不能含糊其辞、模棱两可，否则提的问题学生将不易作答。如一位教师在教“面积”的概念前，先复习“周长”的概念。这时教师问：“课

[1] 王春霞，周俊．教师课堂提问要有度 [J]. 大观周刊，2013（12）.

桌面的周长是哪个部分？课桌面是哪个部分？”结果学生回答这两个问题都是用手一摸桌面了事，可见学生回答得不太理想。

这时，该教师觉得问题缺少导向性，就马上改为问：“课桌面的周长是哪几条边的和？课桌面是哪个部分？”至此学生认识周长就集中在“几条边”这个要点上，较好地分清了“周长”与“课桌面”这两个不同的概念，提高了学生思维的“效益”。

（二）提问要有启发性

一个好的提问，必须是能启发思维的、富有智能训练价值的。因此，提问切忌简单化，一般来说，学生通过自己阅读思考能理解的内容，就不必再提问。

（三）提问要有剖析性

教师在进行课堂提问时，应该对课堂知识进行深入剖析，使学生对已经学过的知识进行深刻思考和灵活运用，这样才能对教师的提问给出正确答案。如教师在讲分数的时候，可以这样提问：如果将分数的分子和分母都乘以同一个数，得到的分数和原分数相等么？

（四）提问要有展开性

教师为了让学生更好地理解所讲的课程内容，应该在提问时进行拓展，使学生能够对所学知识进行回顾和加深认识，以合理的解释回答教师所提出的问题。如教师在讲解质数与合数时，应该进行展开性提问：同学们已经了解了质数与合数的概念，那么是否所有的整数都是质数与合数呢？能举出不是的么？为什么？

（五）提问要有系列性

课堂提问应该要让学生对以往所学知识进行举一反三，这样才能加强学生对知识的掌握程度。因此，教师一定要让课堂提问具有系列性，即提出的问题应该为后续问题做铺垫。如教师在讲平行四边形的面积时，就可以如此提问：平行四边形同三角形有什么联系呢？能否利用三角形来求平行四边形的面积？

总之，课堂提问是一门艺术，教师们在设计教案时，应时刻想到在哪些地方需要提问、提问什么、怎样问、抽哪类学生问、什么时间问。只有充分重视问题设计的适度性，并不断优化，才能使学生在轻松、高效的课堂中学到更多的知识，学会更多的思考问题的方法。

三、实施课堂提问适度性的方法

课堂提问是常用的教学手段之一，要使提问真正收到满意的效果，提问不仅要做到具有整体性、启发性、科学性、针对性、趣味性、灵活性和面向全体性，而且还要做到适时、适度、适量。那么教师们要怎样控制提问的适时、适度、适量呢?

（一）问题难度的控制方法

难度也就是指问题的深度和广度，适当就是问题要切合实际。从提问的内容上要求，必须先易后难、由浅入深、化难为易、循序渐进，要有一定的层次性。即在提问时，既要有一般水平的提问表现为对教材内容的认识（回忆和再现）、理解（用自己的语言表述）和应用（解决简单的问题），也要有较高水平的提问，表现为对教材内容的综合、分析和评价。

教师们要根据教学的需要，针对学生的实际，由表及里步步深入设问，激起学生的内心活动，启发学生想问题，并善于改变设问的角度，以提高课堂的价值。

教育心理学研究表明，当问题所要求的知识与学生已有的知识没有联系（这种“联系”指的是有意义的、本质的联系，而不是字面上的联系）时，这个问题就太难了，学生很难回答；当问题所要求的知识与学生已有知识有联系，但又有中等程度的分歧时，那么它对集中学生的注意力、动员学生的积极思考最为有效，因为这样的问题难易适当，学生通过学习可以回答。

根据以上原理，教师在设计问题时应注意两点：

第一，应该把问题设计在学生已有知识的基础上，先易后难，逐一解答问题。

例如，在讲授三角形时，老师可设计三个问题——“什么样的图形是三角形？”“三角形的内角和为多少？”“三角形的面积怎么求？”

解决这三个问题的难度是依次增加的，而这三个问题都设立在前一个问题的答案基础上，当解答出前一个问题之后，学生的“已有知识”就扩大了，后一个问题所要求的知识就可和学生的“已有知识”建立起联系，解答后一个问题就比较容易了。

第二，对于难度不同的问题，应让不同层次的学生来回答，使每个回答问题的学生都必须“跳起来才能摘到桃子”，从而达到启发学生积极思考的目的。而老师要注意的是，提问设计的难度要符合学生的实际水平。教育测量中的“难度”概念为提问提供了数量依据。

就问题本身而言，还可以分为不同的级别。心理学家把问题从提出到解决的过程称之为“解答距”，根据“解答距”的长短把问题分为四个等级：“微解答距”（看书即可回答）、“短解答距”（课文内容的变化或翻新）、“长解答距”（综合运用原有知识解题）、“新解答距”（采用自己特有方式解题）。提问的目的在于开拓学生的智能，但也不能脱离学生的实际能力，大搞有难度的题目，使他们望“题”兴叹，视为畏途。

问题深度的选择应根据彼时彼地学生解决问题的水平，选择适宜的角度进行提问，使学生的思维在“发散”与“集中”中向一个又一个“最近发展区”前进。

（二）提问的时机控制方法

所谓提问的最佳时机就是使学生的新旧知识发生激烈的冲突，使学生意识中的矛盾激化。教师们在课堂提问时必须捕捉到时机，才能引起学生的兴趣。而问题一旦解决，他们就会有攻克堡垒后的快感。

在教学中，有些教师或是先叫学生后发问，或是发问后紧接着叫学生回答。这样不仅没有思考的时间，而且也没有面向全体学生，影响学生的积极性，妨碍学生思维的和谐发展。

在课堂提问中，应该先提问，根据提出问题的难度留出适当的时间让学生思考，然后叫学生回答。教师们提问的时间要根据需要确定，切不可形成固定的僵化模式，总是在讲课前“复习提问”。问题提出后，也要给学生留下思考的时间，不同的问题还要选择不同的回答对象，既要考虑学生发言的机会均等，又要不给差生“出难题”，伤害学生的自尊心，给优生“出易题”，让他们失去回答问题的兴趣和信心。

教师们在教学中不仅要具有驾驭教材、了解学生、优选教法的功夫，而且要有善于根据教学中的信息反馈，审时度势不失时机地进行课堂提问的能力。课堂提问时，教师们可以选择很多时机进行提问。

（三）提问的适量控制方法

老师的提问要精，对于每一个教学内容不见得都能提出几个能启发学生思维的问题，如果非要提出那么几个问题，使问题必有难有易、有大有小，则难难易易、大大小小的问题凑在一起必然会把主要问题淹没，就只会产生混淆教学重点，模糊学生认识的作用。因此我们在提问时要把握住时机，要少而精，要切中要害。

例如，在讲授新课时，老师应围绕教学的要点提问；在实验教学时，应从实验原理、实验现象、操作方法的相互关系中提出问题；在复习时，从知识的规律性方面、易混淆的知识点提出问题。概括地说，我们不能把提问作为唯一的教学方式，而应该根据教学情况，灵活地采用提问、讨论、讲解等多种教学方式，这样才能收到良好的教学效果。

此外我们还必须指出，对于精心设计出来的问题要做全面、深刻的讨论，要使它贯穿课堂的始终，真正使问题成为学生从已知到未知的向导。要防止对问题简单处之而只作为讲课主题简单陈述。

那么如何做到课堂提问“适量”呢？这取决于老师对教材的重点、难点及知识的训练项目了然于心后，考虑用什么技巧和策略来提问。在设计课堂提问时，老师要注意运用归纳和合并的方法，尽可能设计容量大的问题，以提高学生思维的密度和效度。

总之，在提问时，只要教师们紧扣教材，突出重点，选择好问题的难易程度、适量性以及提问的最佳时机，精心设计，就能培养学生良好的思维品质，在有限的时间内取得最佳教学效果。

第三节 提问平等

平等原则就是说提问时要面向全体学生，即要充分体现“学生为主体”的教学思想，调动每个学生思考问题的积极性，让全体学生参与教学过程，让每一位学生都有回答问题的机会，体验参与和成功带来的愉悦。

一、产生课堂提问不平等的原因

课堂提问是教师们传授知识的一种教学方法，教师们通过提问能及时了解学生的思维方式和掌握知识的程度，从而调节与优化教学程序。同时，课堂提问对教师们把握教学进度起着决定性的作用，在很大程度上决定着教学任务能否完成。

正因为如此，有些教师在平时上课时，总喜欢让好学生回答问题，很少提问差生，生怕差生万一回答不出来会浪费时间，导致课堂教学任务来不及完成。而有些老师在上公开课的时候更是如此，这是需要一些好学生来撑场面的时候，老师怎么可能让回答不出问题的差生来丢自己的面子呢？这其实是很多老师的共同心理，但这种心理倾向只能带来一时的表面成功，长此以往必会造成不良的后果。

之所以出现老师喜欢提问好学生，冷落差生的现象，究其原因莫过于两点：

一方面是学生自身的原因。差生相对来说头脑反应慢或基础差，课堂上没有足够的时间让他们充分地思考。由于他们获得回答问题的机会极少，逐步形成惰性心理，更导致不积极思考，同时怕因回答不出或答错问题而挨老师的批评，有时甚至受到同学的嘲笑，因此刚开始的那种勇于思考的热情就会慢慢熄灭，积极争取回答的希望也被扼杀。久而久之，他们也就习惯于上课做一名“旁听生”，常常把答问的机会让给发言积极的同学了。

另一方面是来自教师们的偏向性。教师们为了取得良好的教学效果，顺利完成教学任务，对于提问只是走过场，总是叫那些反应较快，跟得上老师思路的好学生，偶然也提问那些所谓的“差生”，而那仅是一种可有可无的陪衬。

这样一来，好学生每次答对都受到表扬，于是越学越有趣，各方面的成绩也随之提高，而“差生”很少得到表扬的机会，于是越学越乏味，学习兴趣低落。如此循环往复，“差生”与“优生”的距离越拉越大，造成严重的两极分化现象。

二、如何做到课堂提问平等

怎样才能改变这种不良现象，最大限度地发挥课堂提问的作用呢？

（1）唤醒每一位学生参与问题的意识。教育家苏霍姆林斯基说：“要唤起那种无动于衷的学生，把他们从智力的惰性状态中挽救出来，就使这个学生在某一件事情上，把自己的知识显示出来，在智力活动中表现自己和自己的人格。”❶

针对学生在课堂提问中的惰性状态，教师们可以让学生利用课余时间参与课堂提问和提高成绩的关系的讨论，并要求人人写一份心得体会。

其实，大部分学生都能认识到上课踊跃答问是促进思维发展、培养口头表达能力、提高自身综合素质的一条重要途径，应该重视而不是忽视，只是他们不知道该怎么回答好老师的问题。对此，老师可以再次让学生讨论，并以书面总结、口头朗读等形式在班上交流，做得好的介绍经验，做得不够的谈改进办法。

通过多次这样的讨论，原先回答问题积极性不高的学生都会发生或大或小的变化。有位数学老师在班里实施了这个方法，效果很好，大部分学生都被唤醒了参与的意识。有一位学生在日记里写道：“在第一次数学课上老师喊我回答问题，我满脸涨红，吞吞吐吐地说着，不知道自己说的是什么，在老师的点拨和同学的提醒下，我还是答出来了。当时数学老师说我讲得很好，很对，我用高兴而又怀疑的目光看着老师，‘我真的回答得很好吗？’经过这次提问，我开始变得胆大、活跃了，由原来被动回答到现在的主动回答，我深深爱上了数学这门学科。”

一次偶然的提问收到如此效果，它的意义远远超过了引导学生答出问题。它说明，学生潜藏着极大的思考热情，关键是教师们要有信心、耐心去激发、点燃学生心中的智慧之火。

（2）让每一个学生都感受到老师的爱。教育家夏丏尊先生说过：“教育之没有情感，没有爱，如同池塘没有水一样。没有水不能称其为池塘，没有情感，没有爱，也就没有教育。”❷英国哲学家罗素（Bertrand Arthur William Russell）也曾说过：“凡是教师缺乏爱的地方，无论是品格还是智慧，都不能充分自由地发展。”❸造成后进生学习成绩差的一个重要原因就是他们缺少教师们的爱。

俄罗斯有句谚语：“漂亮的孩子人人喜爱，而难看的孩子才更需要爱。”❹因此，

---

❶ 方超月 . 让学生成为课堂学习的主人 [J]. 中学英语之友 · 教育研究与实践，2008（10）.

❷ 李佳 . 以“智爱”促进成长——对教师智慧之爱的几点思考 [J]. 中国教师，2008（10）.

❸ 于进 . 浅谈教师对学生的爱 [J]. 职业，2011（14）.

❹ 黄妙青 . 实施赏识教育的做法 [J]. 广西教育，2015（01）.

老师在课堂提问上对后进生一定要一视同仁，让他们感受到自己在老师心中仍占有一定的位置，他们已经引起了老师的注意，老师已经发现了他们，并且重视了他们，他们和优秀生一样得到了老师的爱。这种关爱能够在老师和后进生之间架起一座感情的阶梯，可以鼓舞后进生积极向上，奋发图强。

（3）给每一个学生回答问题的机会，让他们体验到成功感。心理学研究表明，智力因素差的学生一般都有自卑感、无助感、孤独感，容易妄自菲薄、无所作为。要提高后进生的学习成绩，应该对他们进行成功教育，多给后进生表现的机会，即创造成功的机会强化、满足后进生的表现欲。而课堂提问，是给后进生创造成功机会的一种极好的形式。

针对学生中存在成绩参差不齐的现象，教师们在备课时要因人而异，因材施问，设计出不同难度的问题。对后进生，要让他们在课前做好充分的准备，在课堂上提出一些简单易回答的问题让他们回答。他们答上来后，教师们应即给予表扬和肯定，让他们认识到自己并不比别人差多少，别人能做到的，自己经过努力也可以做到。对优秀生，老师则要提出一些难度较大的问题，让他们同样感受到成功的喜悦。

（4）让每一个学生感觉到合作的愉快。教育家马卡连柯说："要尽量多地要求一个人，也要尽可能地尊重一个人。"❶因此，课堂提问不仅是一个知识的探究过程，更是一个师生合作的过程，是良好师生关系的体现。

在课堂提问中，教师们应该注意聆听学生的回答，不要随意打断，就是学生讲错了也应该让他们讲完。对回答问题流利准确、吐字清晰的学生，教师们要及时予以肯定；对回答错误的学生，也不要一下子全盘否定，但也不能让他简单地坐下，而应针对实际情况，引导他讲出自己的思路，采用对话的形式顺着他的思路进行讨论或作适当的提示，让他自己找到正确答案。这样主要是为了培养学生积极思考、大胆创新的精神。

成功的课堂教学必须是尊重学生，以学生的活动为主体的，课堂提问也必须以所有的学生都积极地参与并有效地学习为前提，以学生的学习兴趣、基础水平、反应能力和性格特点为中心。

在课堂提问中，教师们只有平等地对待每一位学生，才能调动学生的参与意识，使课堂教学生动活泼。

三、实施课堂平等提问的具体方法

教师们在课堂提问时应面向全体学生，这也是素质教育向教育工作者提出的

---

❶ 张东 . 尽量多地要求学生，尽可能地尊重学生 [J]. 基础教育论坛，2015（07）.

新要求。那么，老师怎样才能做到平等地提问学生呢？

（1）熟悉全体学生。课堂上，很多学生都不愿举手发言，这些学生大体分以下几种类型：

一是“自暴自弃”型。这些学生学习成绩不好，上课表现较差，他们没有明确的学习目的，学习没有责任感，懒惰、厌学情绪浓，上课时“人在曹营心在汉”。

二是“学不得法”型。这些学生的学习态度端正，作业认真，但由于不会学，掌握不住学习规律，往往事倍功半，成绩较差，自卑感强，他们怕答错了遭到老师的批评和同学们的讥笑。

三是“知而不言”型。由于学生的性格有差异，一些学生或由于口吃或由于害羞等多种非智力因素造成性情孤僻，沉默寡言，他们不愿在众人面前亮相，更不愿在众人面前发表自己的见解。即使对老师提出的问题完全能够解答，他们也常常不愿举手。

先哲孟子曾说：“困于心，衡于虑，而后作；征于色，发于声，而后喻。”这些不愿举手的学生在课堂上长期被老师冷落，那么，他们对知识的理解程度如何，能力提高得怎样，又怎么能被老师了解，老师又怎么能做到有的放矢地对他们因材施教呢？

《学记》曾说：“学者有四失，教者必知之。”老师对学生的心理状态、知识水平、秉性差异，必须有所了解，才能有针对性地提出难易适宜的问题，让学生容易回答，才会让基础较差的学生感到学习并不可怕，从而逐步消除学习的恐惧感，树立起学习的信心。

（2）保持良好的提问心境。良好的提问心境，应该是老师愉快教学，自觉确立强烈的学生主体意识和“问”为“学”服务的提问观。老师在设问时，既要考虑怎样教，更要考虑学生怎样学，把为“学”服务作为提问的出发点，使提问成为实现“学”为体的保证，让学生享受到自主探究、思考和发现的乐趣。当学生的回答欠缺时，要以宽容、体谅的态度启迪他们，引导学生更深入细致地思考，努力培养学生积极的答问心理，形成民主、融洽的师生关系。具体方法如下：

1）微笑地面对学生。面带微笑恐怕是老师和学生沟通、传递信息最好的表情了！有了微笑，学生才有回答问题的勇气，老师才能了解学生，从而针对全体学生提出问题。

2）宽容地对待学生。对于童心未泯的学生，我们的每一次信任和宽容，都可能创造出一个新的奇迹。老师一定要有宽容大度的胸怀，只有师生间真诚地倾听，相互包容，真正敞开自己的心灵，彼此在对话与理解中接纳对方，才能使师生间的对话走向心灵的深处，获得最佳的效果。

老师应树立这样的观念：课堂是允许学生犯错误的地方，要相信学生有一个自我学习、自我发展的过程，要允许学生回答得有误，以宽容的心态去面对这一切。

3）尊重学生的人格。要想让全班学生都敢于发言，老师必须保护学生发言的积极性不受到挫伤。即使学生答错了，也不要批评甚至怒斥他们，应当善于发现他们的闪光点，及时点拨、引导。只有“知其心，救其失”，才能把他们的缺点转化为优点。

只有这样，学生才会畅所欲言，才能达到师生的真正沟通，也才能真正做到平等地对话。

（3）要因生施教。对不同心态、不同水平、不同性格的学生，老师应采取不同的启发式提问方法。有些学生性格外向、活泼大胆、勇于发言，还有些学生性格内向、不善言谈、不敢举手。因此，老师在提问时一方面要多请举手的学生发言，培养他们爱动脑筋的习惯和语言表达的能力，调动他们善思乐学的积极性，另一方面也要顾及那些不愿举手的学生，老师要根据这些学生的知识水平，设计一些难易适度的思考题，请这些不愿举手的学生回答。

只有对学生十分了解，老师才能在设计课堂提问的过程中，面向基础参差不齐的全体学生提问，实施因生施教，开发各个层面的学生的智能。如果老师平时不能循序渐进地培养不爱举手发言的学生大胆发言的习惯，不去启发诱导他们，把他们抛在一边，他们就会感到他们是课堂上的“多余人”，就会失去学习的责任心和自信心，成为课堂中的“南郭先生”。这样一来，他们自然就没有了灵气，也很难形成语言表达、实践操作、想象创新等各方面的能力。

（4）通盘考虑，以优带差。老师所提问题的难易程度应以中等水平的学生为依据，调动全班学生的积极性，不能仅仅局限于少数尖子学生。应根据问题的难易程度，选择合适的人回答。如题目较容易，可让后进生来回答，使其在答对后，具有“征服感”，产生向上进取之心；如提问较难，应先请好学生回答，为后进生的回答设置契机，给他们较长的思考时间，完备自己的答案。避免他们因答不出或答错而产生“受挫”的心理，以致丧失信心。老师应以优带差，形成帮、带、促的良好风气，使学生携手共进。

（5）点面结合，变一言堂为全言堂。老师提出问题后，可让全班学生都参与讨论，给每个人畅所欲言的机会，让后进生在民主融洽、生动活泼的讨论中克服当众发言的心理障碍，尽情地发表意见，同时在互相讨论中听取同学的意见，取长补短，完善自己的回答，具有回答的信心。这样就能使后进生较准确地回答出来，从而使课堂提问由优秀生的“大包大揽”“一包到底”，变成同学们的各抒己见、积极发言。

虽然这样做在时间上耽误了教学进度，但长此训练，就能调动起全体学生的学习兴趣，教学进度不但不会耽误，还有助于提高教学的效率。

在课堂提问时，老师一定要考虑到各个层次的学生，使每个学生都有回答问题的机会，这样才能让课堂提问真正变得有价值、有意义。

第四节 适当的提问评价和追问

鼓励，在教学中的作用毋庸置疑，它对一个学生的积极成长，有着其他方法不可替代的作用。鼓励要以爱护学生为出发点、要实事求是。教师们在鼓励过程中要做到一视同仁，表现出对全体学生的真切的爱，不可存在偏爱的心理和厌恶情绪。

教师们在表扬时要特别注意保护学生心灵最敏感的地方，即自尊心。就是说鼓励时一定要做到公正、合理、符合实际。夸大其词、不符合实际的表扬和评价，非但不能起到积极的群体心理效应，而且对受表扬者也不会产生好的影响。

一、鼓励的教育教学效果

鼓励是一种教育教学手段。在课堂提问时，教师恰当地对学生进行鼓励性评价，往往能收到事半功倍的教育教学效果。具体说来，主要有以下三方面的作用：

（1）能调动学生学习的主动性，培养他们的自信心。

1）适时鼓励，点石成金。在大力提倡确立学生主体地位，积极倡导“自主、合作、探究”的教学方式的今天，我们更应该对学生进行大胆鼓励，鼓励他们大胆答问。只有这样，学生的主体意识、创新意识才能得以培养，潜能才能得以充分发挥。每个学生就像天上闪烁不定的星星，有明有暗，有近有远。只要我们有足够的细心、耐心去寻找，就会发现每个学生的闪光之处，然后及时抓住这些闪光点，进行恰当的鼓励，这些闪光点很可能就会闪亮一点，照亮一片。

2）适时适度地对“差生”进行鼓励性评语，可令他们步入学习正轨。对于“差生”，鼓励是消除他们的胆怯，更新他们的认识，转变他们的学习态度，使他们步入正轨的必要因素。

“精诚所至，金石为开”，差生们那隐藏的闪光之处一经发现，教师们就要及时抓住这个机会，恰当地给予鼓励和诱导。而“差生”经过一个深刻的、动态的、发展的心理过程，很有可能发生一个质的突变，告别迷途，步入正途。在课堂提问中，老师不仅要善待“差生”，还要正确引导他们，让他们认识到：通向成功的路绝非一帆风顺，在实现理想的途中，遭遇困难甚至打击是在所难免的，一定要鼓励他们树立自信。

有的学生在面对失败、挫折时，对自己的错误总会耿耿于怀，为过去的疏忽、过失不断自责，以致过度消极、沮丧，导致畏首畏尾，不敢尝试回答，甚至于对未来充满忧虑。此时，就需要教师们及时鼓励学生，让他们学会坦然地面对失败，要积极探索失败的积极意义，要告诉学生，自责于事无补，只有吸取失败的教训，鼓起重新开始的勇气，成功才会向你招手。要及时鼓励学生“这点失误算不了什么”“你是个很勇敢的孩子”“这个问题下次你一定能回答出来,一定能”。久而久之，学生就会树立起坚强的个性、正确的人生观及正确的学习态度。

（2）鼓励是开启学生心理情感大门的钥匙。

人的情感总是在一定的情境条件下激发产生的，一个良好的情感环境对激发人的情绪具有重要意义。在课堂提问中，教师们一定要认识到：情感是极具感染力的心理活动，除了知识的传授外，还必须在提问中重视情感交流，教师们要凭借自己的情感来影响学生。

有时，教师们的一句话、一个眼神或一举手、一投足，都会让学生有着不同的、深刻的理解、感受和体验。尤其是教师们的赞扬鼓励，更是让学生铭记在心，抑或终生难忘。鼓励的语言更能增强学生的自信心、参与意识和自主意识，更益于学生人格的健康发展。因此，老师对学生的答问要以诚相待，与之平等地进行交流，激发学生的求知欲。

教师们要把握好每个学生的思想动态，及时引导和鼓励，学生才能在答问中保持一种积极向上的动力，从而更加努力，要求进步。

（3）教师们的鼓励对于学生做人、做事方面有不可忽视的影响。

课堂提问中，教师们一句中肯的鼓励语句，会让学生激动万分，学生还会模仿着老师的样子鼓励别人，“你能行，我为你加油”“你一定会坚持到底”“我希望坚强的你会再次笑起来”等，他们都会为对方加油鼓劲。

教师们的鼓励对学生的学习发展是一种有效的手段，它是一种对内因施加催化作用以改变学生的外在表现状态的教学手段，能让学生的学习思想状态以波动的、快速前进的方式发展。

在课堂提问中实施激励教育可以提高学生的学习兴趣，充分发挥学生的主体作用，激发学生的潜能，调动学生主动学习的内驱力，从而使他们主动求知，自我发展。

二、鼓励性评价在教学实践中应用的误区

在教学实践中，有些教师常常对学生实行一味的、无原则的鼓励，使“激励性评价”走进了误区：

（1）鼓励性语言不真诚，过于形式化。课堂提问时，经常可以看见这样一种现象，教师们的嘴里经常挂着“对”“好”等词语，对学生甲的回答说“很好”，对学生乙的回答也说“很好”，用含糊其辞来回应学生的精彩回答，激励方式单调死板。这样的激励无关痛痒，自然也就不会对学生产生多大的鼓励作用。

要让课堂充满生命的活力，教师们应该珍视每一个学生的尊严与价值，用真

心换真心，用真诚去鼓舞、唤醒学生的上进心和求知欲。对学生在课堂中的优异表现，老师一个赞许的眼神，一个会心的微笑，一个由衷的颔首，都会对他们产生极大的鼓舞。

（2）鼓励性评价单一乏味，缺少启发性。当前在有些教师的课堂上，激励性评价语言单一乏味，不是“你真棒”“你真行”，就是“你真聪明”之类的，一味地机械性重复。虽然有的教师鼓励的时候情感丰富、感情真挚，但如此单一的回应，时间久了也会让学生感到厌烦，所以教师们在鼓励学生时，语言应丰富多样，具有切实性、针对性。

此外，鼓励性评价语言还要具有启发性，要能够诱发学生进一步思考问题，使他们有生疑的兴趣、探疑的愿望、释疑的可能，要在关键处点拨学生的思维，开阔他们的视野，引发他们创造的欲望。

（3）鼓励性评价满堂飞，盲目评价。有些课堂教学，学生动得最多的不是脑筋，而是动手——鼓掌，学生整节课都忙于在老师的调度下为其他的同学喝彩。老师动不动就会在学生回答问题后，也不管他们的回答是不是真的精彩，就送出大礼表扬他。于是，学生同时齐伸出两个大拇指，嘴里齐呼：“棒！棒！你真棒！”满课堂都是掌声齐鸣，热闹非凡。对学生回答的问题或做法，一些教师不问青红皂白，一味廉价地予以表扬，结果造成激励泛滥成灾，“高帽”满天飞。

诚然，学生确实需要沐浴在赏识的阳光下，赏识也的确能催人奋进。尤其是低年级的学生，他们更渴望获得老师的鼓励性评价。但仅仅注意欣赏学生，对他们的发言不管好差一味地赞美就不可取了。不需要努力，唾手可得的称赞有谁会珍惜呢？这种过多的廉价的鼓励性评价最终会使学生形成浅尝辄止和随意应付的态度。再者，这种鼓励性评价语充满课堂时，势必挤占了学生深入读书、深入思考的时间。如果没有足够的时间让学生读书、思考，这样的课堂能算成功吗？

鼓励性评价要运用适当，而要想做到适当准确，适时得体，不缺不滥，就一定要把握好“度”，这也是教师们正确把握鼓励时机的问题。那么老师究竟应该在何时进行鼓励性的评价呢？

第一，学生回答的问题富有创见或者“标新立异”时要给予鼓励。

第二，如果学生的表现有异于平常时，例如：一个后进生解答出一道对于他来说比较难的问题时；一个平时性格内向的学生大胆举手回答问题时，都要给予鼓励。

第三，课堂气氛不活跃，学生的精神状态不佳时，老师可以运用鼓励手段。就像一个有舞台经验的歌手，总是善于在关键的时刻去调动观众的情绪一样。

（4）滥用物质奖励。除了精神上的“鼓励”外，有些教师还喜欢在课堂提问时对学生进行物质上的刺激，学生一旦回答的问题令老师满意，老师就会说：“你真聪明，老师送你一个小礼物！”礼物有小红花、智慧星、小卡片，甚至是作业本等。鼓励性评价是调控课堂的一种手段，可以借助一定的工具，比如小红花、智慧星等来调动学生学习的积极性。但是，教育心理学研究表明：学生对学习本身的内在兴趣是学习的最佳动机，著名的“德西效应”告诉我们：当一个人真对活动充满兴趣时，给他提供外部的物质奖励反而会减少他对活动本身的吸引力。

从长远来看，物质奖励过多并不利于学生兴趣的持续发展。从很多课例中，我们都可以看出物质奖励过多所带来的负面影响。在一些学生的潜意识中，积极回答问题已成了得到小红花、得到老师赞扬的途径。更糟糕的是，有些学生已对智慧星、小红花之类的东西熟视无睹，失去了兴趣，时时期盼着有更新鲜的奖品来刺激他们。

所以，奖品不能大面积地发放，更不能滥用。当一些学生无望争得礼品时，往往会让他们更加泄气。要想对学生进行物质奖励，可以在一个学习阶段结束时进行，例如：在一个单元的学习结束，对于课堂提问表现优异的学生给予适当的物质奖励，以增加他们学习的动力，而不应该在每一节课都进行物质奖励。

三、实施鼓励答问的具体方法

在教学中，教师们真诚的鼓励可以激励优等生更上一层楼，可以消除差生的自卑心理，增加他们的自信心。因此，课堂提问时，教师们要想调动学生回答问题的热情，激发他们的内在学习动力，一定要多运用鼓励性的语言给予评价。鼓励的方法有以下几种：

（1）语言鼓励法。即针对学生在课堂上的表现、学生的性格特点用适当的语言来肯定学生的答问，让学生从内心产生一种成功感，从而激发学生学习的内在动力。这种鼓励方式是平时教师们用得最多，也是比较有效的方法之一。

教师们在运用语言鼓励法时，要注意以下几点：

1）鼓励要实事求是。鼓励要既不夸大，也不缩小，是很好就是很好，是较好就是较好。不要对学生的回答一概而论，甚至含糊不清。实事求是的鼓励能训练学生思维的条理性，更能激发学生的学习兴趣，从而达到“言之有序”的答问要求。

2）鼓励应具体明确。教师们在肯定学生的同时，应指出学生是理解准确，还是答问方法对头，要给出明确的评价。这样，教师们做出评价后，被评者就比较清楚，旁听者也明了了。

因此，教师们的鼓励要有根有据，只有如此，学生回答问题时才会有思维的空间。这种鼓励不仅会开拓学生思维的广度，而且会使思维更加严密，让学生在获得成功体验的同时，更增添了一份自信，从而达到“言之有理”的答问要求。

3）鼓励应投入情感。心理学家赞科夫曾说：“教学法一旦触及学生的情感和意志领域，触及学生的精神需要，这种教学法就会发挥高度有效的作用。”也就是说，只有教师们对学生的答问充分投入了情感，才会起到真正的鼓励作用。

4）鼓励应以尊重学生为前提。哲学家卢梭在他的《爱弥儿》中曾说道：“做老师的人经常在那里假装一副师长的尊严样子，企图让学生把他看作一个十全十美的完人。这个做法的效果适得其反……要打动别人的心，自己的行为就必须合乎人情！”[1]因此，尊重我们的学生，就是尊重我们自己，就是尊重我们的教育，就是尊重我们的未来。

教师们鼓励学生，首先要懂得尊重学生，理解学生，尊重他们的人格，尊重他们的发言，只有如此，我们的课堂才能更添色彩，才能使学生的灵魂受到增强自信的激励和美的熏陶。

5）鼓励要注意语音语调。老师在运用言语激励时，要注意语音语调的使用。对于成绩较好的学生，应采取较为平静的表达方式，如“正确”“很好”，避免优等生产生一些不必要的傲气，让他们能继续努力，争取更好的成绩；而对那些后进生，则宜采用直接表露的方式，如“太好了”“同学们都为你精彩的回答感到高兴”等，也可以兼用其他激励方式，让他们对自己的成功有深刻的印象，逐步培养起答问的自信。

（2）行为鼓励法。行为鼓励法，即教师们在教学提问过程中通过亲切的笑容、和蔼的目光、温暖的抚摸、热情的期待等无声的鼓励，达到“此时无声胜有声”的教学效果。这些看似平凡的举措，恰恰也是学生期待的、信服的。

学生回答问题时，老师那期待的目光、面容上所表露出的微笑是对学生的一种鼓励，一种鞭策。当学生回答完毕时，老师的颔首示意、与回答问题的学生握握手、用有力的手臂一挥、将大拇指高高地翘起、与同学们一起鼓掌、赞许地摸摸学生的头、拍拍学生的肩膀等也是一种鼓励。这些都能让学生真正感受到老师对自己的关怀。

（3）物品鼓励法。物品鼓励法，即在课堂上用一些实物进行奖励，奖励一些小五角星、卡通小贴画、糖果、小玩具、一些常用文具等等。

这种方法较适用于小学或中学低年级的学生，具有直觉性和不稳定性。学生的学习兴趣往往会与外部刺激物的特征相联系，对这些物品的感兴趣程度，对物品爱好的持久性等，均有可能影响激励效果。

因此这种激励应适可而止，如果这种奖励滥用了，不仅不能促进学生回答问题的兴趣，而且可能会削弱学生学习的内在动力，而强化了学生的学习、生活物质化，对学生正确思想品德的形成也有一定的负面影响。

---

[1] 孟广臣．多元对话 把握德育脉搏 [J]. 基础教育参考，2012（02）.

另外，在鼓励学生回答问题的同时，老师还要鼓励学生大胆地提出问题，既要提出自己不明白、不理解的问题，也要提出进一步思考后所产生的新困惑、新问题。学生学习任何东西都是从模仿开始的，因此，要学生提出问题教师们必须“言传身教”，要站在学生的角度给学生作示范，给学生以模仿的机会。

教师们要为学生提出问题创设一个和谐、民主、平等的氛围，同时要通过自己的语言、动作、表情传递给学生一种亲切、信任、尊重的情感信息，使他们感到老师最可信赖。而教师们可在新知识的生长处、新旧知识的连结处创造提出问题的条件，给机会和时间让学生质疑，这种质疑问难应融合于课堂教学的全过程。

学生提出问题远比解决问题难得多，它需要学生有更高的思维水平，因此，教师们应宽容学生问难时的幼稚可笑，就像父母不嗤笑幼儿的蹒跚学步那样，让学生迈出提出问题的第一步；当学生提出“多而杂”的问题时，可组织学生讨论与课本知识有关的急需解决的问题，从而逐步引导他们提出“小而精”的问题。

当学生提出了质量较高的问题时，老师要加以表扬，并且及时引导学生详细地讲述自己的思维过程，让全班学生学习这种思维方法。这样做可让提问的学生进一步理清思路，以便下次提问得更有深度。还可鼓励其他同学积极思考，充分体现出学生自主、合作、探究学习新的教育理念，让每个学生都真正地成为学习的主人。

答问时，教师们有效的鼓励能使学生更加活泼地学习，学生不会再因为回答问题而惧怕，不会再因为回答不好而感到灰心。相信在这样的氛围中，学生必然身心愉悦、思维活跃、畅所欲言、积极参与；在这样的境界中，学生必会如沐春风，课堂一定会充满勃勃生机。

有这样一句教育名言：“最残酷的伤害是对一个人自信心的伤害，最大的帮助是给人以能支撑起人生自信风帆的信任、掌声和喝彩。”作为一名教师，我们应该站在学生的立场上，要给学生多点鼓励与喝彩、少些批评与指责，多给学生“鼓劲加油”，使学生成为勇于尝试、敢于探索，在失败和挫折面前不气馁并成为不断进取的、具有积极健康心理的开拓型人才。

四、如何做出合理有效的数学课堂追问

当教师对学生的回答作出评价后，常常会有进一步的提问。这时的提问又面临新的选择，一种是进一步对学生的回答进行追问，另一种是对这个学生的提问已经结束，转问其他学生。下面重点对前一种选择追问作一研究。

（一）追问的意义

追问是在某个问题发问得到肯定或否定回答之后，针对问题的更深层次发问。

在发问时常见的形式有“为什么”“请说明理由”“还有没有补充”等。追问在数学课堂提问中比较常见。

追问对于有效教学而言，有着很重要的意义，有研究者认为，通过追问可以达到3个目的：使学生的回答得到澄清；在学生回答的基础上激发新信息；对学生的回答进行重新导向或重新组织，使之向更有成效的方向发展。

同时，也有研究者提出，追问的意义在于3个方面：使学生有了重新考虑自己回答问题时的观点和完善观点的机会；使学生可以重新回顾并反思自己的回答，追踪自身思考经历；可以使教师更好地了解学生生成回答的思维过程。

比较这两种认识不难看出，尽管都强调了追问的重要性，但他们强调的重点各自不同。前者更强调通过追问使学生生成更多新的信息，而后者更强调通过追问促使学生对自己的回答进行反思。从培养学生的能力方面来看，前者更强调通过追问来澄清问题的答案，衍生出更多的知识，后者更看重对学生反思和元认知能力的培养。

数学课堂有效提问不仅要促进学生知识的掌握，还要培养学生的各种能力，有效追问对于数学有效教学有下面两方面的意义。

1．促进学生完善自己的回答

数学课堂提问中，由于学生对问题思考不充分，在第一次作答时会表现出不确定或不完整。教师在听到学生的回答后通过追问，可以让他对问题作进一步的思考，并完善自己的回答。如对于一些开放性问题的回答，如果学生考虑不是很全面，有时可能会只说出其中某一种情况。教师如果在学生回答后紧接着给予追问，“这是所有情况吗？”“还有没有其他答案了？”在追问下，学生会意识到自己的回答或许漏掉了某种情况，然后再对自己前面的回答作进一步补充完善。

2．促进学生展开元认知活动

元认知是一个人所具有的关于自己思维活动和学习活动的认知和监控，其核心是对认知的认知。元认知活动的对象是思维活动和学习活动，而不是知识本身，是对学习者自身的学习活动的认识和了解，是一种自我反思、反省性认识。它主要包括元认知知识、元认知体验和元认知监控。

现代认知心理学的研究表明：学习过程不仅仅是对所学习材料的识别、加工和理解的认知过程，同时也是一个自我调节和自我监控的过程。认知过程的有效性，在很大程度上取决于元认知的运行水平。[1]数学教学不仅要让学生知道“问题的结果是什么”这些认知方面的内容，还要使学生自己认识到“自己是如何思考”和“为什么要这样思考”这些元认知方面的内容。

---

[1] 涂荣豹．数学教学认识论[M]．南京：南京师范大学出版社，2003.

在数学教学中，培养学生元认知能力的途径可能很多，而追问就是其中重要方法之一。有实验研究证明：向学生问“你为什么那样做”之类的问题，可以激发学生的元认知活动，促使学生把注意力指向从问题本身转变为指向自己“怎么思考”。在数学课堂提问中，通过追问，不仅可以使学生关注自己结果的对错，还能引发学生对“如何形成这种结果”的反思，进而使学生的元认知能力得到培养。

（二）追问的类型

在数学课堂提问中，追问主要有哪些类型呢？下面从追问后学生作出回答需要的思维能力来对其进行分类，主要有以下两种类型。

1．解释性追问

解释性追问是在学生回答完问题后，为了让学生对其回答做出进一步的解释而进行的追问。这里有的是希望通过追问让学生对回答内容本身作进一步解释和说明，还有的是希望学生能对其这样回答的理由和依据作出解释。其中，后者的形式较多一些，主要的发问形式有“理由是什么”“为什么”等。这种追问对于学生澄清回答中模糊的内容，发展学生“有理有据”的逻辑思维能力非常有好处。

解释性追问主要是对学生回答问题的依据作进一步发问，需要学生给予解释的理由一般并不复杂。大多数只需要记住某个数学概念或定理，然后简单运用就可以。尽管解释性在一些能力强的学生看来不是什么问题，但有些学生在推理过程中并不十分清楚，导致数学证明出现错误。通过解释性追问，可以让那些不明白其中道理的学生也知道其中的原因。

2．分析性追问

分析性追问是教师针对解决问题的依据以及思维过程所进行的追问。其主要的发问形式有“为什么”“你分析问题的思路是什么”“关键是什么”等。它与解释性追问不同，解释性追问只需要学生简单说出理由，重点是给出解释。而分析性追问除了要给出解释，还要重点说出分析问题、解决问题的思维过程。相对来说，要回答分析性追问，需要对问题作进一步的深入分析，并对自己的思维过程有所反思。

教师的追问不是学生能用简单的一两句话所能解释的，需要对问题有深入地分析，并对自己思考问题的过程有一个回顾、反思，才有可能回答。从思维水平来看，分析性追问要比解释性追问思维水平高一些，学生回答追问问题往往需要较长的思考时间。

（三）元认知提示语追问

追问的一个重要意义是要促进学生元认知能力的培养。那么，什么样的追问才能更好地培养学生的元认知能力呢？运用元认知提示语追问是其中较好的一种方式。

1．元认知提示语

元认知提示语是涂荣豹教授深入研究波利亚数学解题理论中的元认知思想并在长期教学实践的基础上提出的，主要是针对学生的元认知活动进行引导或提示。

认知提示语主要是针对学生的认知活动进行提示，指向知识内容和具体信息的加工。诸如：你觉得指数和对数函数有哪些关系？为什么给它取名为反函数？反函数到底反在哪里？描点是来帮助自己进行什么？如何在给定的范围之内求它的最值？建立直线方程是通过什么建立的呀？等等。元认知提示语针对学生的元认知活动进行提示，促使学生对自身的认知活动进行调节、监控，是对其思考方法或思维策略的引导或提示。元认知提示语与认知提示语之间并没有非常明确的界限，也不必非常严格地对其进行划分。在教学中常见的元认知提示语有“我们现在应该研究什么”“你打算怎么研究”“有哪些研究方法”“你们能提出什么问题”“它有什么规律”“有什么发现”“有什么关系”“为什么”“你能解释吗”“你能证明吗”“还有其他发现吗”等。[1]

2．元认知提示语追问

元认知提示语追问就是在数学课堂提问中，运用各种元认知提示语来对学生的回答进行追问。这种追问可以促使学生展开元认知活动，使学生对自己的思维过程进行反思，进而让学生学会思考问题的方式，掌握一定的思维策略，最终能在以后的学习中有效运用元认知监控来进行有效地学习。

元认知提示语追问可以看作是分析性追问的一种。因为对学生而言，要回答这样的追问，光有解释是不够的，还要做出分析。但就元认知提示语追问分析的对象而言，需要学生分析的不仅是要解决的问题，重要的是对“自己”本身进行分析。重点要回答的不是“问题的结果是什么？”而是“是什么原因导致我给出了这样的回答”“我的分析思路为什么是这样”等。从这个意义上说，元认知提示语追问在思维水平上比一般的追问要更深了一个层次，是能真正推动学生进行自我反省，而且对其认识和思维作出监控和调节的追问。

在学生回答问题过程中，出现错误是难免的，关键在于教师如何对待学生出现的错误。一般形式的追问，更多的是着眼于让学生改正错误，而元认知提示语追问，除了要让学生能改正错误外，更重要的是通过追问引起学生对自己思维过程的反思，认识到出现错误的原因。最终使学生认识到自己是如何形成了这样的结果，以后应该如何避免这样的错误。

在元认知提示语追问下，学生经历了复杂的心理活动和思维过程。如一开始自己是怎么想的，走过哪些弯路，碰到哪些钉子；为什么会走这些弯路，有什么

[1] 韩龙淑．数学启发式教学研究 [D]．南京：南京师范大学，2007.

规律性的经验可以吸取；自己的思考与老师或同学的有什么不同，其中的差距是什么，其原因是什么；自己在一些思考的中途能否做某些调节？为什么当时不能做出这些调节；自己在思考的过程中有没有做出过某种预测，这些预测对自己的思考是否起到了作用，自己在预测和估计方面有没有带普遍性意义的东西可以归纳，等等。[1]在展开元认知活动的过程中学生对自己数学学习过程中的各种活动进行反思，如理解题意的过程、推理过程、数学思想方法的运用过程等，真正促进学生进行反思性学习，达到对其思维的监控与调节。

在数学教学中，元认知提示语的内容是非常丰富的，它包括指向元认知知识的提示语、元认知体验的提示语、元认知监控的提示语。从不同的数学教学内容来看，有针对数学概念、数学命题、数学思想方法、数学解题教学的元认知提示语。教师可以在实际教学中不断探索，总结出适合于自己教学的元认知提示语，同时，在课堂提问中，能充分运用这些元认知提示语对学生的回答作出追问，进而提高学生的元认知水平。

---

[1] 涂荣豹．数学教学认识论 [M]. 南京：南京师范大学出版社，2003.

第四章 小学数学课堂提问现状

课堂提问对教师和学生之间就所教授知识的互动具有积极作用。小学数学课堂提问能够使教师及时掌握学生对所教知识的掌握程度，更好地采取合理措施改进教学方案。同时，课堂提问也可以加强学生对数学知识的理解，对自己未能掌握的知识加深记忆。本章对小学数学课堂提问的现状进行分析，分别探索了小学数学普通教师和优秀教师在课堂提问的情况。

第一节 小学数学普通教师课堂提问现状研究

一、小学数学普通教师课堂提问技能现状调查

课堂提问技能是普通教师应具备的教学技能之一，在一堂课中起着关键的作用，所以普通教师课堂提问技能的高低直接影响着学生的数学思维的形成。而小学阶段是促进小学生思维发展，养成善于发现问题、分析问题、解决问题等好习惯的关键时期，因此在小学数学教学中，普通教师的课堂提问技能是至关重要的。由此，本研究针对课堂提问技能的具体实施情况对小学数学普通教师进行课堂观察，然后针对课堂提问的观念、课堂提问的准备、课堂提问的反思这三方面进行问卷调查，从中得出当今小学数学普通教师课堂提问技能的现状，具体数据整理分析如下。

（一）从课堂观察的角度分析

研究对象主要包括 H 区 S、H、Z 三所小学中的数学普通教师，其中考虑到六年级学生的升学压力，一、二年级小学生的特点，即在上课时教师需要大量的动作技能的辅助，而本研究主要针对普通教师课堂提问中的心智技能进行研究，因此选取三、四、五年级的数学普通教师各 2 位，共计 6 位为主要研究对象，对每位教师进行 10 节课堂实录，共计 60 节。具体见表 4-1。

表 4-1 H 区 S、H、Z 三所小学数学普通教师课堂实录

所在学校	S 小学		H 小学		Z 小学	
基本信息	S1	S2	H1	H2	Z1	Z2
所教班级	三年级	四年级	五年级	四年级	五年级	三年级
教龄	实习期	实习期	1 年	实习期	2 年	实习期
职称	无	无	无	无	无	无

本研究主要选择北师大版小学数学三年级上册第七单元“年、月、日”的内容、四年级上册第六单元“方向与位置”的内容以及五年级上册第四单元“多边形的面积”中的探究“平行四边形的面积”的内容作为相关课题的研究对象，因为“年、月、日”这单元的内容与生活实际联系密切，掌握此内容可以建立学生的时间观念；“方向与位置”是学生在学习了 8 个方向的基础上，认识了简单路线等知识的前提下，要学习的内容，这部分知识有利于学生提高空间观念，有助于实际生活中周围的环境的认识；掌握平行四边形面积的计算方法不仅是本单元的重点内容，同时也是小学阶段学习几何知识的重点内容，也是学生今后学习的重要基础。学习图形的面积不仅可以让学生充分体会数学在生活中的应用，也可以让学生感受数学转化思想，而且增强了小学生应用数学的思想意识。如何做到以上这些，对小学数学普通教师来说也是个挑战。

（1）提问设计技能方面。将提问的问题类型分为两类。一类为封闭型低认知水平问题：记忆性问题（A1）、理解性问题（A2）、应用性问题（A3）；另一类为开放型高认知水平问题：分析性问题（B1）、综合性问题（B2）、评价性问题（B3）。通过对 60 节课堂的观察与记录，得出了每节课的频次，具体见表 4-2。

表 4-2 课堂提问问题类型统计表

观察对象		1	2	3	4	5	6	7	8	9	10	总数	共计
A1	S1	14	11	9	11	13	9	12	10	10	9	108	566
	S2	5	5	8	6	8	10	5	7	7	10	77	
	H1	11	12	12	14	9	9	11	12	10	10	110	
	H2	13	11	11	10	9	7	12	15	42	9	109	
	X1	4	6	6	7	4	8	5	7	9	5	61	
	X2	10	11	9	12	11	8	10	9	9	12	101	

续表 4-2

观察对象		1	2	3	4	5	6	7	8	9	10	总数	共计
A2	S1	10	10	8	8	8	9	11	9	7	11	91	481
	S2	7	5	5	5	4	7	5	3	4	4	49	
	H1	11	9	10	9	10	11	11	9	8	9	97	
	H2	9	12	11	11	11	10	10	9	8	8	99	
	X1	7	6	6	7	4	4	3	4	5	5	51	
	X2	11	9	9	8	9	10	10	10	9	9	94	
A3	S1	7	6	7	7	5	7	8	8	8	8	71	376
	S2	4	5	5	5	4	4	3	3	3	3	39	
	H1	8	9	9	7	10	8	8	7	9	9	84	
	H2	9	9	10	7	7	8	7	5	5	8	75	
	X1	4	3	3	4	2	2	3	2	3	5	31	
	X2	8	8	10	9	9	7	7	5	5	8	76	
B1	S1	4	3	3	2	4	2	3	2	1	2	26	120
	S2	1	1	2	1	1	2	2	2	0	2	14	
	H1	2	2	3	2	2	3	3	4	2	2	25	
	H2	3	2	1	1	2	3	3	2	2	3	21	
	X1	0	1	1	2	2	1	1	1	2	1	12	
	X2	2	3	3	3	2	2	1	2	3	1	22	
B2	S1	3	2	1	2	1	3	2	2	1	2	19	97
	S2	1	2	2	1	1	2	2	1	1	2	15	
	H1	3	1	2	2	1	2	3	0	1	2	17	
	H2	3	2	1	2	1	2	1	1	3	2	18	
	X1	2	0	2	0	1	1	2	2	1	1	12	
	X2	2	1	2	1	2	2	1	2	1	2	16	
B3	S1	2	1	1	2	2	1	2	2	1	1	15	68
	S2	1	1	0	1	0	2	1	0	1	1	8	
	H1	2	1	1	2	1	0	2	0	2	2	13	
	H2	2	2	1	2	1	1	2	0	1	1	13	
	X1	0	1	0	0	1	0	1	2	1	0	6	
	X2	2	1	2	1	0	2	1	2	1	2	13	

1）提问数量上的研究。通过对 6 位普通教师每人 10 节课的观察，针对小学数学普通教师课堂提问数量的这点，由表 4-48 可以得出：一节课下来，普通教师至少会提出 14 个问题，至多提出 40 个问题，所观察的课时都是一节课 35

分钟，照此计算，一节课平均每分钟提问数量至少是 0.4 个，最多是 1.14 个。也就是说有的普通教师每分钟就要提出一个问题并在此时间内解决这个问题，形成“满堂灌”的提问模式，一项研究表明，教师要提问 20~30 次效果为最佳，当然这也与上课的科目、内容以及学情有关，但是从本研究观察的课堂上来看，普通教师在课堂导入环节中更愿意利用提问的方式与学生进行互动，这样表面上给人感觉课堂气氛浓厚，但仔细考虑有些华而不实，由此可以看出普通教师提问数量呈现两极化，同时可以间接反映出小学数学普通教师提问目的性不强，缺乏连贯性。

2）问题类型的研究。根据表 4-2 可见，在观察的 6 位普通教师在 10 节课中，封闭型低水平问题 1423 个，其中记忆性问题 566 个，理解性问题 481 个，应用性问题 376 个；开放型高水平问题 285 个，其中分析性问题 120 个，综合性问题 97 个，评价性问题 68 个，具体各部分占比例见图 4-1、图 4-2。

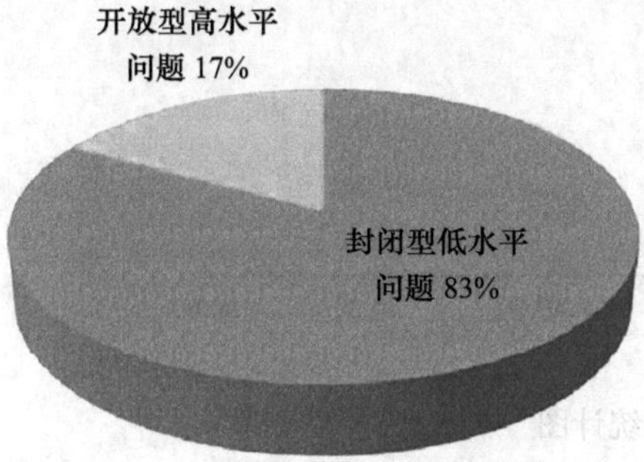

图 4-1　根据认知水平分类统计图

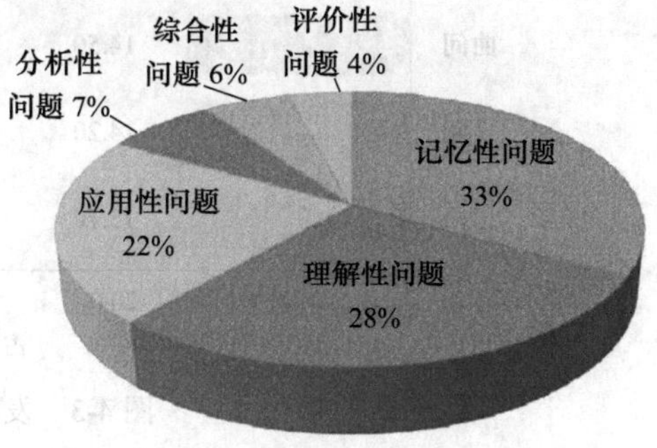

图 4-2　根据问题内容分类统计图

根据数据统计发现，当按照提出问题的认知水平来划分时，如图 4-2 所示，普通教师所提出的问题类型比较单一，主要集中于封闭型低认知水平的问题，占提问总数的 83%，而封闭型低认知水平的问题较少，仅占总数的 17%，由此可见，普通教师在问题设计上不太注重启发学生的数学思维，没有注重学生分析问题与解决问题的能力的培养，不注意发展学生较高层次水平的能力；当按照提出问题的内容来划分时，如图 4-3 所示，普通教师更愿意提出记忆性、理解性、应用性、封闭型问题，相对于评价性、综合性、分析性问题提问数量较少，各部分占不到总体的 10%，由此可见，普通教师对于教材内容理解不透，针对教学内容的问题设计欠缺。

（2）发问技能方面。将发问方式分为：直问（C1）、曲问（C2）、反问（C3）、追问（C4）。通过对 60 节课堂的观察与记录，得出了每种发问方式的平均频次和所占百分比（%），具体见表 4-3。

表 4-3　发问方式统计表

发问方式	S1		S2		H1		H2		X1		X2	
	平均频次	%	平均频次	%	平均频次	%	平均频次	%	平均频次	%	平均频次	%
C1	8.3	35.4	4.5	43.2	7.2	42.8	4.2	23.2	4.7	40.2	8.4	37.4
C2	4.4	25.7	3.1	29.3	3.8	23.4	6.1	27.6	2	17.3	5.8	25.2
C3	2.1	12.1	1.7	15.4	2.4	19.4	5.6	26.3	2.4	20.2	3.1	14.5
C4	3	17.2	1.1	11	2.8	20.5	6.4	28.4	2.7	23	5.4	24.2

为了更直观地看出各部分所占比例，下面将以条形统计图的形式将结果呈现于图 4-3 中。

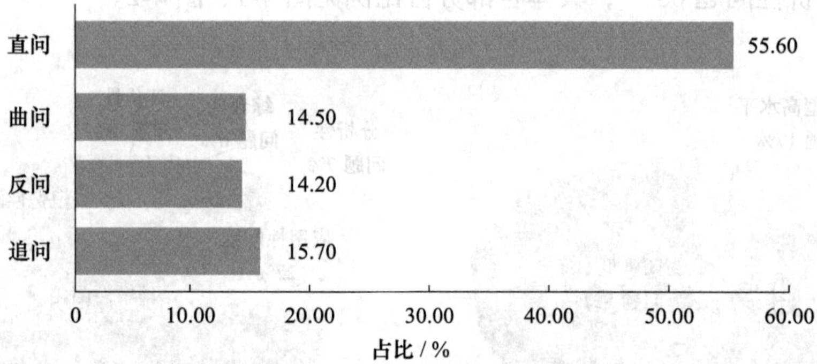

图 4-3　发问方式统计图

针对“发问方式”这一技能方面，根据图 4-3 可知：直问的提问方式占总体的 55.6%，曲问的提问方式占总体的 14.5%，追问的提问方式占总体的 15.7%，反问的提问方式占总体的 14.2%，由此可见普通教师更倾向于直问的提问方式，较少根据课堂生成而进行随机追问，而且发问方式单一。

（3）候答技能方面。针对普通教师等候学生回答时间，即停顿时间分为：没有停顿或不足 3 秒（D1）、停顿 3~5 秒再让学生回答（D2）、停顿时间过长（D3）。通过对 60 节课堂的观察与记录，对所得数据进行百分比统计，具体见表 4-4。

表 4-4　候答时间统计表　（%）

候答时间	S1	S2	H1	H2	X1	X2
D1	79.3	85.2	16.4	93	62.4	86.2
D2	15.6	14.8	76.7	7	25.2	13.8
D3	5.1	0	6.9	0	12.4	0

为了更直观地看出各部分所占比例，下面将以条形统计图的形式将结果呈现于图 4-4 中。

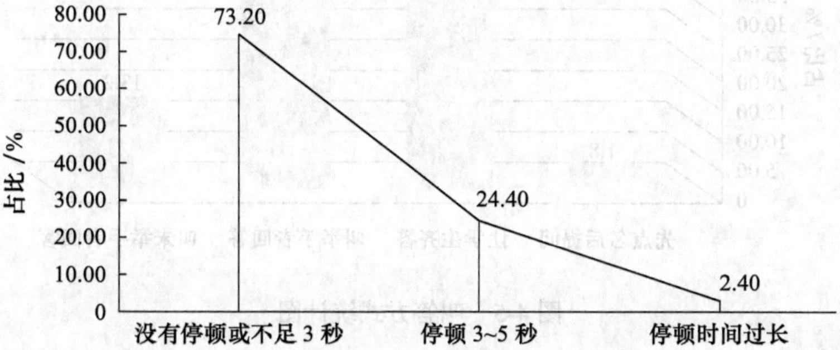

图 4-4　候答时间统计图

根据图 4-4 可以看出，有高达 72.3% 的教师会选择在提出问题后立刻叫学生回答问题，仅有 24.4% 的普通教师会选择停顿 3~5 秒后叫答，根据研究表明：教师提出问题后，应该给学生留有一定的思考时间，然后再进行叫答，这样可以使班级里每一位学生都能进入思考状态，至于停顿时间的长短，是需要教师根据自己班学生的水平进行调整决定的，一般要以中等偏上的水平为基准，这样的标准虽然对于低水平的学生来说有些吃力，但长时间坚持下来有助于提高低水平学生的思考速度，而对于高水平的学生，这样不会因为进度太慢而产生注意力不集中的现象。由此可见，普通教师针对候答时间的这项技能有待提高。

（4）叫答技能方面。在选择学生回答方面，从提问前先点名（E1）、让学生齐答（E2）、叫举手者回答（E3）、叫未举手者回答（E4）这四个角度进行了 60 节课的观察与记录，对得到的数据进行了频次统计，具体见表 4-5。

表 4-5　叫答方式统计表

叫答方式	S1		S2		H1		H2		X1		X2	
	频次	%	频次	%	频次	%	频次	%	频次	%	频次	%
E1	0.6	1.1	0	0	0.3	1	0.6	1.8	0	0	0.2	1.7
E2	27.6	58.7	12.4	33.3	27.4	55.7	9.8	28.2	5.4	35	15	38.4
E3	12.5	25.8	19.8	53.4	10.6	22.2	20.8	58.7	6.7	44	20.2	52.8
E4	6.4	14.4	5.4	13.3	10.2	21.1	3.7	11.3	3.2	21	2.6	7.1

为了更直观地看出各部分所占比例，下面将以条形统计图的形式将结果呈现于图 4-5 中。

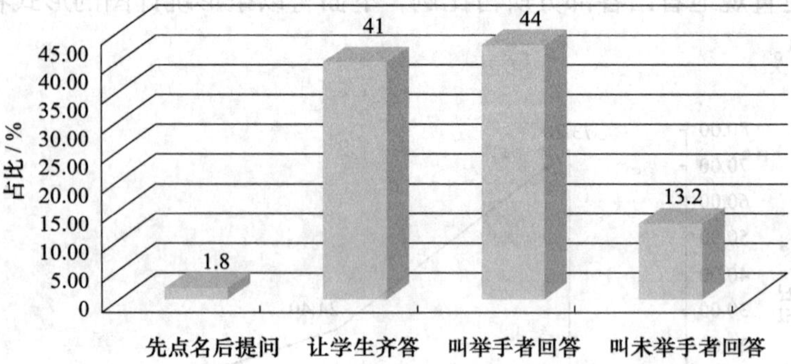

图 4-5　叫答方式统计图

从图 4-5 可以看出，普通教师在选择叫答对象时，大部分的时候会选择主动举手的学生，而忽略了其他的学生。其中主动举手的学生大部分都为优秀学生，有时甚至会和优秀学生讨论而把其他同学晾在一边，为了表明自己的观点是正确的，去努力说服优秀学生，而被学生“带跑”，偏离课堂重点内容。这表明普通教师在叫答学生时，未考虑到照顾中等生和差生的水平，其次选择让学生齐答的方式也占了总体的 41%，可见普通教师对于学生层次方面没有关注到。

（5）理答技能方面。通过对普通教师一共进行了 60 节课的教师与学生回答行为的观察记录，得出了各项指标平均每节课的频次，见表 4-6。

表 4-6　反馈类型编码表

学生回答	正确	部分正确	回答错误	没有回答或说不知道	
S1	10.5	14.7	8.9	19.4	
S2	4.4	6.3	2.4	6.7	
H1	8.7	12.7	9.4	18.2	
H2	11.2	18.7	5.1	14.7	
X1	3.4	6.6	2.1	4.7	
X2	9.2	12.8	5.6	13.4	
教师回答	表扬	肯定	没有反应	否定	批评
S1	9.2	15.4	18.2	2.2	0
S2	6.7	5.4	8.7	0	0
H1	8.4	14.7	12.5	1.7	0
H2	6.2	20.8	11.4	2.6	0
X1	3.4	5.1	7.6	0	0
X2	5.4	18.4	12.7	1.2	0

续表 4-6

教师反馈	给答案	问别人	别人喊出	重复提问	提出线索	新的问题
S1	17.4	5.2	0	16.7	0	8.4
S2	8.4	3.3	0	9.4	0.5	8.5
H1	10.2	5.4	0	11.7	1.2	15.3
H2	9.4	3.1	0.4	13.4	0.7	18.1
X1	3.6	0.6	0	5.5	0	7.4
X2	11.8	5.8	0.3	12.5	1.1	15.6

为了更直观地看出各部分所占比例，下面将以条形统计图的形式将结果呈现于图 4-6 中。

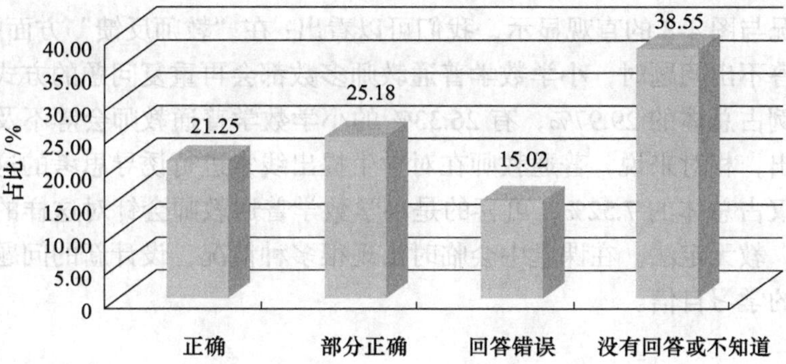

图 4-6 学生回答统计图

通过对观察量表 4-6 中显示的数据进行整理，绘制了统计图 4-6，结合表 4-6 的数据情况与图 4-6 的直观显示，我们可以看出：在“学生回答”这项数据上的各部分比例 21:25:15:39，可见在小学数学普通教师提问中，学生回答不知道或没有回答的比例最高。

通过对观察量表 4-6 中显示的数据进行整理，绘制了统计图 4-7，结合表 4-6 的数据情况与图 4-7 的直观显示，我们可以看出：在“教师回答”这项数据上：我们可以看出小学数学普通教师的正面理答方式所占比例 60% 多远远高于负面的理答方式的使用，其中教师选择表扬的理答方式占 20%，可见小学数学普通教师意识到鼓励的重要性，但是我们从直观图中可以看出，小学数学普通教师没有反应的比例也高达 35.93%，这间接地反映出小学数学普通教师的经验不足，对于否定和批评这种负面性的理答方式，在观察中发现没有教师使用，这种现象中间存在着隐患，合理适当的否定与批评也是促进学生进步的一种方式。

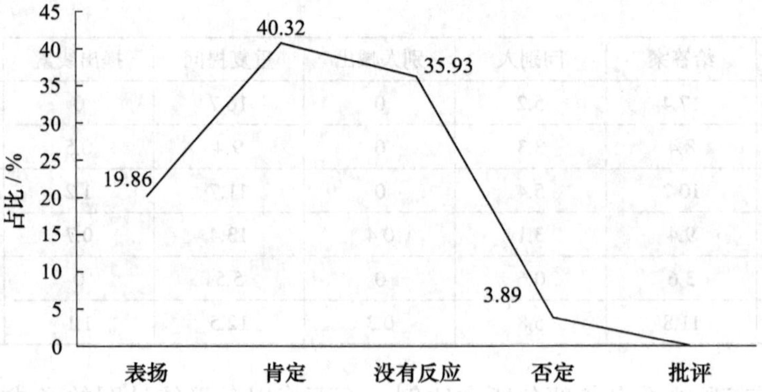

图 4-7　教师回答统计图

通过对观察量表 4-6 中显示的数据进行整理，绘制出统计图 4-8，结合表 4-6 的数据情况与图 4-8 的直观显示，我们可以看出：在“教师反馈”方面的数据上，当学生回答不出问题时，小学数学普通教师多数都会再重复问题的方式进行再次提问，比例占总体的 29.97%，有 26.33% 的小学数学普通教师会等不及自己直接将答案说出，相对来说，普通教师在对学生提出线索进行诱导思考的这个方面做的较差，仅占总体的 7.52%，可喜的是小学数学普通教师会针对这样的学生提出新的问题，教无定法，在课堂中会临时出现很多种情况，设计新的问题，有利于建立学生的学习自信。

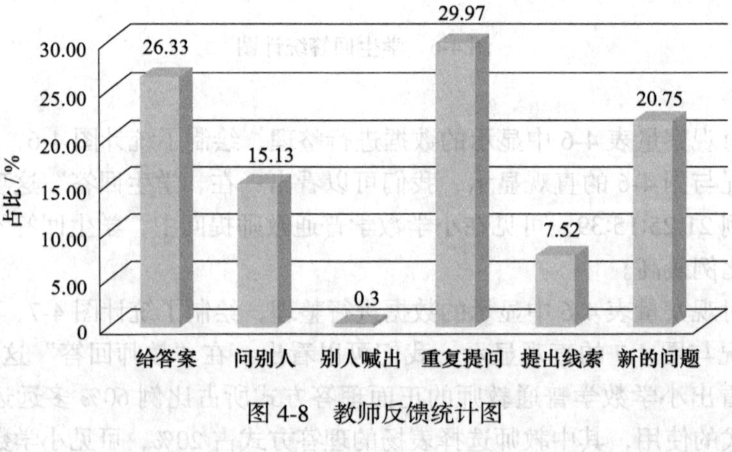

图 4-8　教师反馈统计图

（二）从问卷调查的角度分析

选取 S 市 H 区教龄在三年以下的小学数学普通教师作为调查对象，使用问卷进行课堂提问技能调查。其中问卷的问题设计借鉴了以往的相关研究，为了保证问卷具有一定的效度，征求了前期选取的6位观察教师的意见，对于问卷的结构、内容、语言进行了修订，最终形成定稿（见附录1）。问卷共计100份，收回96份，回收率为96%，在收回的问卷中，有效问卷86份，有效回收率为86%，之后又对问卷进行了内部一致性信度检验，检验后 α=0.78，说明此问卷具有一定的信度，可以作为调查小学数学普通教师课堂提问技能的调查工具。收回的数据将采用SPSS软件进行数据分析。

（1）从课堂提问观念方面。

小学数学普通教师对课堂提问的观念将直接影响着课堂提问技能的实施，针对小学数学普通教师对课堂提问的认知以及学习情况进行调查，对应的题目分别是问卷中的第1~5题，并对调查结果进行如下的整理与分析（图4-9）。

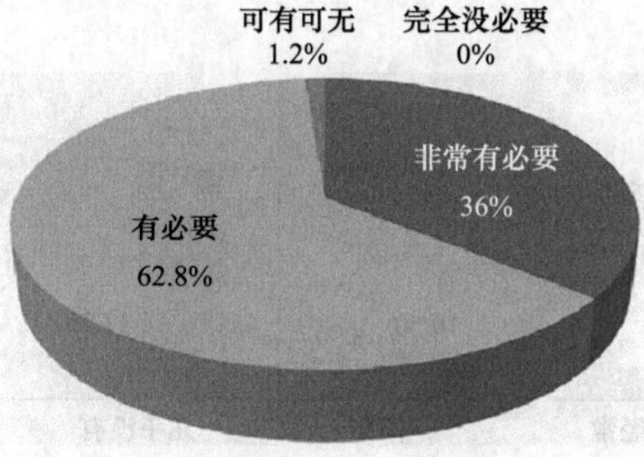

图4-9　课堂提问必要性统计图

根据图4-9可见，针对“普通教师认为课堂提问的必要性”这一点，选择非常有必要占36%，认为有必要的高达62.8%，选择可有可无的仅占1.2%，其中选择完全没有必要的为0。这种现象也就意味着普通教师在主观意识上认为课堂提问还是很有必要的，同时体现了课堂提问的重要性。

根据图4-10可见，普通教师理解的数学课堂提问的过程：问题编拟占6.40%，发问占27.20%，叫答占23%，候答占11.20%，作答占22%，讲解占10.20%；其

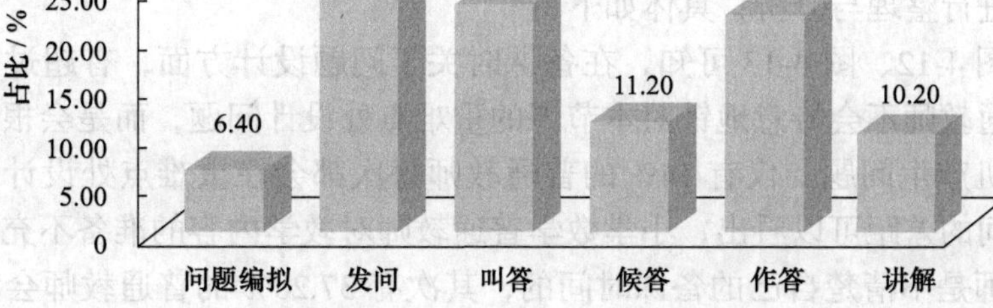

图4-10　关于数学课堂提问的过程

中发问、叫答、作答所占的比例最高，这也就意味着大部分的普通教师认为课堂提问的环节包括发问、叫答、候答。著名学者邵怀领曾将课堂提问细致的分为提问设计阶段、发问阶段、候答阶段、叫答阶段、理答阶段，由此可见，普通教师针对课堂提问的过程有一定的认识，但并不细致。

根据图 4-11 可见，针对“小学数学普通教师观看有关课堂提问的书籍”这一点，仅有 7% 的普通教师会经常观看，几乎没有观看过的普通教师已高达 53.50%，超过了总体的一半，而且还有 29.10% 的普通教师从来没有看过。在搜集关于课堂提问资料方面，小学数学普通教师表示从来没有对此方面进行资料搜集的比例竟高达 74.30%，由此可见，小学数学普通教师缺乏对于课堂提问的重视，忽略了关于课堂提问的理论知识的学习。

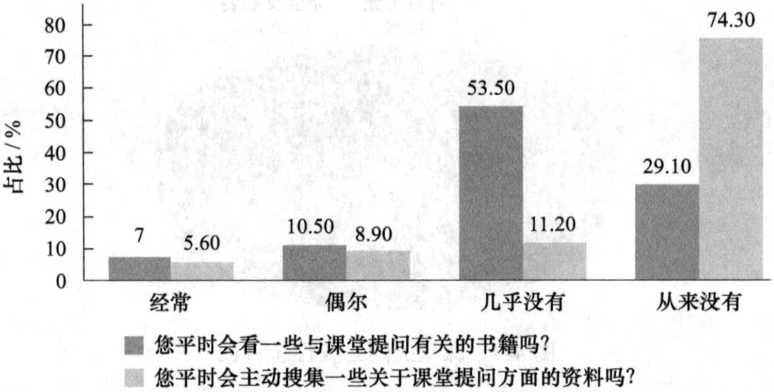

图 4-11　关于课堂提问的学习情况

综上所述可以看出，大部分小学数学普通教师认为课堂提问还是很有必要的，但是对于课堂提问的认知趋于表面且不全面，平时缺少关于课堂提问理论方面的学习。

（2）从课堂提问准备方面。小学数学普通教师在课前对课堂提问的准备将直接影响课堂教学过程，以及学生的学习效果。本研究针对小学数学普通教师课堂提问的准备从以下 3 个方面进行调查，所对应的题目是问卷中的 6~11 题，并对调查数据进行整理与分析，具体如下：

根据图 4-12、图 4-13 可知，在备课时关于问题设计方面，有超过一半的小学数学普通教师不会特意地针对本节课的重难点处设计问题，而是会根据学生的反应，随机产生问题。仅有 14% 的普通教师每次都会在重难点处设计问题，二者数据之间的差距可以看出，小学数学普通教师对教学内容的准备不充分。大部分普通教师是不清楚自己的备课时间的，其次有 37.20% 的普通教师会利用 20% 以下的时间进行备课，而利用 20% 以上时间备课的普通教师一共加起来还不到总体的 20%，假设一节课 40 分钟，普通教师利用 40 分钟的时间来备课，那么用在设计问题上的备课时间仅仅只有 8 分钟，在如此短的时间内设计出来问题，由此可见普通教师在设计问题时过于草率。

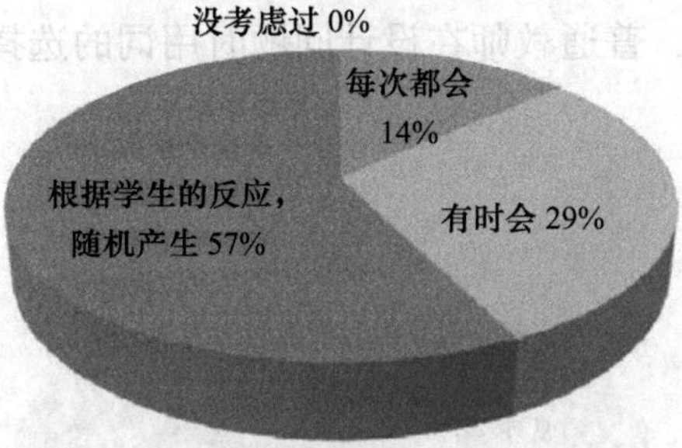

图 4-12　在重难点处设计问题情况

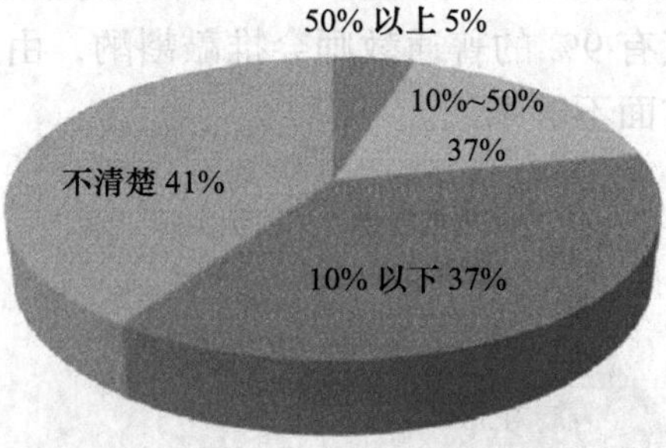

图 4-13　用来设计问题的时间情况

根据图 4-14 可知，小学数学普通教师在备课设计问题时，几乎没有考虑过学生的认知水平的比例高达 62.80%，有 20.90% 的普通教师会偶尔考虑，仅有 5.80% 的普通教师会每课时都考虑，从来不考虑的比例是每课时都会考虑比例的 2 倍，而且每个学生的个体差异不同，给出的答案也会不尽相同，对此小学数学普通教师选择几乎没有预测过学生可能出现的答案并想好处理对策的比例超过总数的一半，每次备课都会进行前期预设的小学数学普通教师仅占 5.80%，由此可以推断出，小学数学普通教师对学生的个体差异预设不足，缺乏对学生的认知的了解，导致设计的问题缺乏针对性。

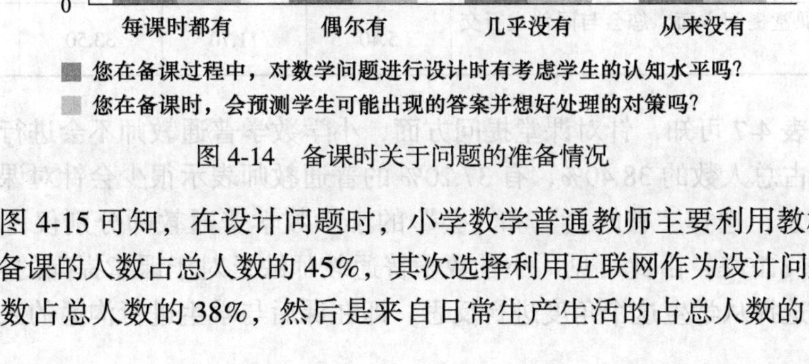

图 4-14　备课时关于问题的准备情况

根据图 4-15 可知，在设计问题时，小学数学普通教师主要利用教材或教辅材料进行备课的人数占总人数的 45%，其次选择利用互联网作为设计问题的参考依据的人数占总人数的 38%，然后是来自日常生产生活的占总人数的 12%，只有极少数普通教师利用自己的教学经验来设计问题，仅占总人数的5%。由此可见，小学数学普通教师在设计的问题，缺乏与生活实际相联系。

针对小学数学普通教师在设计问题时的语言使用情况，在图4-16中可以清晰地看出，有高达44%的普通教师从来没有仔细的推敲过提问的语言和用词，仅有9%的普通教师会推敲斟酌，由此可见，普通教师在设计问题时用词的选择方面不够细致。

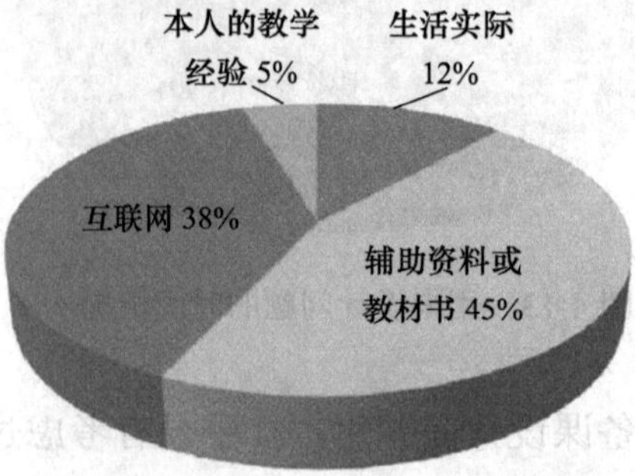

图4-15 设计问题的参考依据统计图

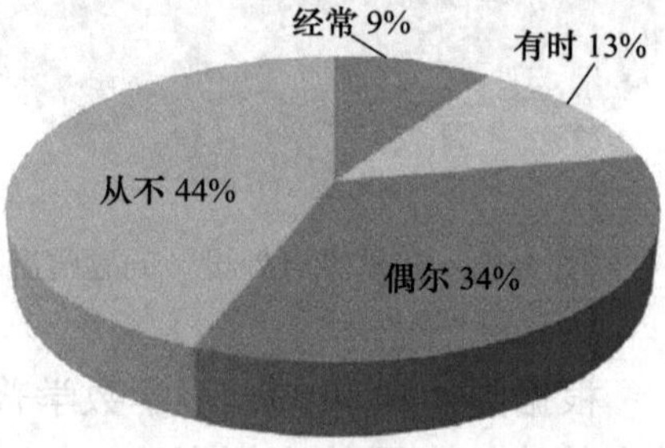

图4-16 问题的语言设计

（3）从课堂提问反思方面。对课堂提问进行反思能推动普通教师的教师专业发展，如果普通教师可以意识到从不同的角度利用不同的方法进行课堂提问的反思，那么不仅能提高课堂效率，而且对自身的专业素质的提高也有很大的帮助。本研究针对小学数学普通教师课堂提问的反思方面设计了问卷第12~14题，具体数据分析见表4-7。

表4-7 课堂提问技能的反思统计表 （%）

问题	会	有时会	很少	从不
12. 关于课堂提问方面，您会对其进行自我反思吗？	8.10	16.30	37.20	38.40
13. 对于课堂中提问的问题，您会课后及时与学生进行沟通吗？	12.40	22.80	27.60	37.20
14. 关于课堂提问方面，您会与同伴进行交流吗？	5.40	11.70	33.50	49.40

根据表4-7可知，针对课堂提问方面，小学数学普通教师不会进行自我反思的人数，占总人数的38.40%，有37.20%的普通教师表示很少会针对课堂提问进行自我反思，选择“有时会”和“会”的小学数学普通教师分别仅占总人数的16.30%和8.10%；由此可见，小学数学普通教师缺乏对于课堂提问的自我反思。此外，会选择从学生这个角度进行反思，即在课后与学生进行沟通的人数，占总

人数的 12.40%；选择有时会的比例为 22.80%，选择很少的占总人数的 27.60%，有 37.20% 的小学数学普通教师表示不会对于课堂提问中的问题与学生及时沟通；由此可见，小学数学普通教师缺乏与学生及时的沟通。另外，有 49.40% 的小学数学普通教师表示和同伴之间从来没有过关于课堂提问方面的交流，仅有 5.40% 的小学数学普通教师会经常与同伴之间交流关于课堂提问方面的问题，由此可见，针对课堂提问方面，小学数学普通教师缺乏与同伴之间的相互交流。

二、小学数学普通教师课堂提问存在的问题

（一）课堂提问观念不明确

（1）对课堂提问的认知程度不高。

根据小学数学普通教师的问卷调查发现，普通教师虽然在主观意识上对课堂提问还是很重视的，但是对于课堂提问的认识很表面，不清楚课堂提问的具体环节，对于课堂提问的目的理解片面，在进行课堂观察时，从普通教师一节课中提问问题的数量上来看，存在着提问数量过少的现象，可以看出小学数学普通教师对于课堂提问的认识未完全落实在行动上，对于课堂提问不够重视，间接地反映出小学数学普通教师对课堂提问的认知程度不高的现状。究其原因在于小学数学普通教师对于课堂提问的重视程度表面化，没有真正的意识到课堂提问的重要性。

（2）缺乏关于课堂提问理论的学习。

实践离不开理论的支撑，理论离不开实践的证明，二者相辅相成，缺一不可。在对小学数学普通教师进行问卷调查发现，大多数小学数学普通教师没有观看过与课堂提问有关的书籍，对于主动收集关于课堂提问方面的资料的教师更是少之又少，在对课堂提问目的以及课堂提问主要包括哪些环节等问题调查中，发现小学数学普通教师的回答并不全面，由此可见小学数学普通教师缺乏关于课堂提问理论的学习。其原因首先是，课堂提问没有引起小学数学普通教师的高度重视，其次是小学数学普通教师不知道了解、学习有关课堂提问的渠道。

（二）课堂提问准备不充分

（1）对教学内容理解不透彻，提出的问题草率。

根据对小学数学普通教师课堂观察数据的分析发现，小学数学普通教师相对于评价性、综合性以及分析性等开放型问题，更愿意提出记忆性、理解性、应用性的封闭型问题，由此可以反映出小学数学普通教师对教学内容没有分析透彻，没有深层次的理解；在调查问卷大数据的统计下，发现大多数小学数学普通教师不会提前针对教学重难点设计问题，而是更愿意根据学生的课堂情况随机产生，这种情况就会出现忽略教学重点内容，难点内容学生理解不到位的现象。另外，

在对小学数学教师会在备课时会利用多长时间来设计问题的调查中，发现大部分小学数学普通教师是不清楚的，有 37% 的普通教师仅用 10% 的时间来设计问题，一节课 40 分钟，如果备课时间为 40 分钟的话，那么相当于在设计问题方面仅花费 4 分钟。综上所述，小学数学普通教师存在着对教学内容准备不充分，提出的问题草率的问题。

（2）对学生个体差异性预设不足，问题缺乏针对性。

在小学数学课中，如果教师提出的问题过于简单，那么达不到引发学生思考的效果，反之问题过于复杂，会打击学生的积极性。在对小学数学普通教师进行问卷调查时发现，大部分小学数学普通教师在设计问题时并没有考虑到学生的认知情况，设计的问题没有针对性，对于学生可能出现的回答，小学数学普通教师也表示没有预设过，解决对策更未曾考虑，这一点在对小学数学普通教师进行课堂观察时也发现，当学生做出错误的回答时，大部分小学数学普通教师会选择直接让学生坐下，叫另一位同学回答或自己回答，针对这位同学没有语言上的评价，更没有针对错误回答进行的追问。由此可见，小学数学普通教师在设计问题时对学生的个体差异的预设不足，设计的问题缺乏针对性。

（3）问题设计脱离生活，问题的用词与句法欠考虑。

通过调查问卷数据分析发现，小学数学普通教师在设计问题时更愿意依赖辅助资料或参考书，缺少与生活实际相联系，导致在课堂观察时发现学生课堂参与度不高；在设计问题时是否斟酌过问题的用词方面，大部分小学数学普通教师也表示没有仔细考虑过，在课堂中出现教师提出的问题，学生没有响应，教师重新阐述问题的现象。综上所述，小学数学普通教师在设计问题时未能与生活实际相联系，问题的用词与语言组织上欠考虑。

（三）课堂提问实施不到位

（1）问题类型单一，目的性不强。

从对小学数学普通教师实际听课情况来看，课堂提问中普通教师多以封闭型低认知水平问题为主，很少有评价性、创造性问题。不仅认知程度低，而且设计问题的类型单一。虽然，记忆性问题对于小学生来说有一定的优势，可以巩固基础知识，增强自信心，提高学生上课的积极性，但是大量的记忆性问题对于高年级的学生来说，不利于他们思维的锻炼，不但没有起到促进的作用，而且还间接的抑制了学生思维的发展。根据课堂问题数量的调查，发现小学数学普通教师呈现两极化，这间接说明了小学数学普通教师的课堂提问缺乏目的性。

（2）发问方式失当，发问动机偏差。

根据实际课堂观察发现，小学数学普通教师的课堂提问方式比较单一，通常会选择直问的发问方式，较少的会根据课堂生成的问题进行追问等方式。同时，小学数学普通教师提问很少变换方式，总是简单的那几句，例如：在小学数学导入阶段，普通教师总会说“同学们，大家仔细看图片，从中你能发现哪些数学信息呢？”“从中你想到了什么？”这样时间久了，学生感到十分乏味。在普通教师问卷调查中可以看出，小学数学普通教师课堂上提问的问题并不是全部都是课前准备好的，大部分会在课堂中随机产生，发问学生动机比较随意。当遇到注意力不集中的学生，教师会将提问作为一种警示方式。

（3）叫答过于随意，缺乏针对性。

通过课堂观察可以看出，小学数学普通教师为了警示东张西望、打瞌睡、交头接耳的学生，经常会出现先点名然后提问的现象，然而这种学生站起来回答问题时都是不知所措，甚至不知道问的是什么问题，根本就回答不出来答案，所以这种：“先点兵点将”的方法表明上起到了提醒的作用，但是并没有实效，同时也对学生的心理造成了伤害。在课堂观察时，发现普通教师为了保证自己的教学进度，让课堂看起来热闹效果很好，经常会选择主动举手的优等生来回答问题，而忽略了其他学生的回答机会，没有考虑到全面性，同时也经常会出现叫答随意的现象，并没有考虑到问题的难易程度和学生的认知水平，导致高于学生认知水平、理解十分困难的问题，学生回答不上来，使学生受挫；低于学生认知水平、过于简单的问题，学生不愿参与回答，出现东张西望、走神的现象。

（4）候答时间过短，缺少独立思考时间。

在教师提问后，一般至少要留有 3 秒钟以上的思考时间。但是通过课堂观察发现，普通教师在提出问题后，一般都会立刻叫学生回答问题，普通教师一方面担心课堂进度，另一方面害怕出现冷场的现象。在小学数学课堂上，经常会有思考性较强的问题，需要学生花费时间去探索思考后才能作答，对于成绩优异的学生来说，可能会很快地回答，但对于中等偏差的学生来说就会出现，没有机会思考，教师和其他学生就说出了答案的现象。长期下来，不仅学生的思维得不到锻炼，课程内容学生掌握得也不扎实。对于小学生来说，此阶段是培养他们独立思考问题、分析问题、解决问题的初期，缺少独立思考的时间，会导致一部分的学生越来越脱离这个课堂。

（5）评价表现力度不足，语言匮乏。

当学生回答完问题后，教师要根据学生的回答，及时给予学生反馈和评价。这样有助于提高学生的学习信心，调动学习积极性。但是根据实际调查发现，小学数学普通教师在课堂上并没有很好的运用理答技能。当学生回答完全正确时，普通教师没有明确的表扬，只是简单地说：“好，请坐”或者想学生做一个让他坐下的手势，有的干脆就直接叫下一个同学回答问题。当学生回答部分正确时，普通教师虽然能够进行提示，引导学生继续说下去补充完整，但是引导的方式单一；当学生回答错误或回答不上来时，大部分普通教师会选择将问题再重复一遍，或者在未请这位学生坐下的时候，就急忙自己纠正或叫下一位同学回答，再或者就不对这位学生的回答进行评价，这样让学生心理产生挫败感。所以可以看出小学数学普通教师评价表现力不足，语言匮乏。

（四）课堂提问反思角度单一

（1）课后缺乏对课堂提问的自我反思。

首先，在对6位小学数学普通教师进行10节课堂观察时发现，关于封闭性低水平的问题，例如：记忆性问题，其中S1教师有连续9节，H1教师连续10节的课堂上提出的数量是所有问题类型中所占比例最高的，由此可以看出，这两位教师在此期间并没有对课堂提问进行课后自我反思。其次，根据问卷调查的数据发现，有38.4%的小学数学普通教师表示不会对课堂提问进行自我反思，表示会针对课堂提问进行自我反思的仅占8.1%；在大数据的统计下可以得出，H区小学数学普通教师缺乏对课上提出问题的自我反思。

（2）课后缺乏与学生关于课堂提问的沟通。

在进行课堂观察时发现，小学数学普通教师在提出问题后，选择立即叫学生回答，出现学生站起来吞吞吐吐、语言不连贯的现象，甚至有的同学干脆站起来不说话，一方面可以看出小学数学普通教师缺少对候答时间的认识，另一方面小学数学普通教师在设计问题以及叫答时，缺少对学生个体差异的认知，但也从两方面间接反映出了小学数学普通教师缺乏与学生关于课堂提问的沟通，通过问卷的数据分析中，有37.2%的小学数学普通教师表示从来没有过，更是直观地反映出了这个问题。

（3）平时缺乏和同伴对课堂提问的相互交流。

在问卷调查中发现，仅有5.4%的小学数学普通教师表示会和同伴之间进行课堂提问技能方面的交流，而大部分的小学数学普通教师表示和同伴从来没有过关于课堂提问技能方面的经验交流，由此可以得出，小学数学普通教师平时缺乏和同伴对课堂提问技能的相互交流。

第二节　小学数学优秀教师课堂提问现状研究

一、小学数学优秀教师课堂提问课前准备调查

通过问卷调查和访谈来了解教师在备课时对课堂提问的准备情况。主要了解课前准备时间、问题设计、问题数量三个方面了解小学数学优秀教师课前课堂提问准备情况（见附录2）。

(一)问卷统计分析

（1）“课前准备”调查分析。

表 4-8 的数据得出优秀教师是否准备课堂的上要提的问题。

表 4-8　问题准备情况调查统计表

调查内容	选　项	选项数量	百分比 /%
在备课的过程中，您有准备课堂提问吗？	会准备，而且会写进教案	20	66.70
	会准备，但不会进行记录	8	26.70
	偶尔	2	6.60
	从来没有	0	0

从上表可知，课前准备课堂提问是每一个优秀教师在备课中都会做的工作。由此可见，课前充分准备，是上好课的必然前提。同时，不难发现，大部分的优秀教师不但会准备，而且还会写下来。把问题写在教案中，能够更加清晰地理解问题，在课堂上实施得更好。26.7% 的优秀教师会准备，但不会写下来。相信这是由于课堂教学的灵活性，对学生的预设也不可能面面俱到，优秀的教师可以围绕教学内容进行有效的课堂提问。另外还有 6.60% 的老师偶尔做准备。这类的教师一定是在课堂上身经百战，专业知识丰富，教材内容滚瓜烂熟，对于学生的多变性也有一定的掌控能力，因此，在课堂上，能根据学生的反应作出临时发问，适应课堂的变化而提问。

（2）“准备时间”调查分析。

根据教师问卷调查的结果，得到表 4-9。

表 4-9　准备问题时间所占比例统计表

调查内容	选项 /%	选项数量	百分比 /%
准备问题时间占总备课时间比例	60	10	33.3
	40~60	9	30.0
	20~40	6	20.0
	20 以下	5	16.7

从表 4-9 中可知，33.3% 优秀教师认为自己在设计问题上花了总备课时间的 60%；30% 优秀教师认为自己问题准备时间占了总备课的 40%~60%；花费 20%~40% 备课时间准备问题的老师为 20%；剩下 16.7% 的优秀教师认为自己问题准备占了总备课时间的 20% 以下。由此可见，小学数学课堂，问题是数学课堂的核心与基础，在备课过程中，大部分教师用一半以上的时间来准备课堂提问

的问题，问题的精心准备有助于课堂的顺利进行，更有助于激发学生的思维。

（3）“问题设计考虑因素”调查分析。

为了更加深入地了解小学数学优秀教师课前对问题的准备情况，从以下三个方面进行问卷调查，见表 4-10。

表 4-10　问题设计情况调查统计表　（%）

问题：您在设计问题时	总会	经常会	偶尔会	从不会
会仔细琢磨问题的表达吗？	16.7	60.0	20.0	3.30
会提前想好回答对象吗？	0	0	70.0	30.0
会预设学生的回答情况吗？	26.7	63.3	10.0	0

优秀的教师还是十分重视问题的表达的。一半以上的教师会仔细琢磨问题的表达，清晰的提问容易让学生明白问题的关键所在，更能积极地思考问题。当然，越优秀的教师对于问题的表达越熟练，20% 的优秀教师偶尔会仔细琢磨问题的表达，可能是因材施教，针对不一样的学生做不一样的表达。只有一位教师从不会琢磨问题的表达，可见，胸有成竹，问题全在自己的掌握之中。

小学数学教师几乎很少会提前想好叫谁回答问题，只有 70% 的优秀教师偶尔会这样做，想必是在开展公开课的时候，为了使课堂提问顺利实施，才会这么做。另外 30% 的教师从不会提前想好叫谁回答问题。可见，小学数学优秀教师更注重学生的平等教育，给予每位学生回答问题的机会，不会内定任何人回答指定问题。

绝大部分的小学数学优秀教师常常会预设学生的回答，因为只有了解学生的知识基础、学生的思想，才能更好的展开课堂教学，提高课堂效率。10.0% 的教师偶尔会在备课时预设学生的回答，想必是优秀的老教师，对于学生的回答了如指掌，可以很顺利的在课堂上提问，与学生交流问题。

从这个有关优秀教师课前准备情况的问题调查结果来看，小学数学优秀教师课前对课堂提问的准备工作是比较充分的，重视问题表达，并且提问注重学生的思维性，对待学生公平尊重。只是越优秀的教师准备问题越得心应手，所花准备的时间、内容、想法各不相同。

（二）访谈统计分析

（1）访谈结果。

通过对小学数学优秀教师的访谈，了解他们在课堂提问前的准备情况，发现不同职称的优秀教师在备课时间、提问数量以及挑选回答问题准备方面有较大区别。见表 4-11。

表4-11　优秀教师课前准备情况统计表

备课情况 职称	备课时间	问题数量	挑选学生回答准备
中　级	3	3	2
副高级	2	2	1
正高级	2	1	0

注：数字表示准备充分度，3表示准备很充分，2表示准备较充分，1表示稍微准备，0表示不准备。

（2）访谈部分内容。

研究者：在课前，您会花多少时间来备一堂课？一般会准备几个问题提问？挑选学生回答有讲究吗？

中级教师A：时间不定，但是越充分越好，会仔细研读教材，然后把握重难点，根据自己的经验，在学生的薄弱处加强提问，提问数量不确定，但是应该会有很多问题，因为要引导学生慢慢找出答案，挑选学生一般情况下就请举手的回答，但是有时候为了赶进度，或者要引出下一个问题，会直接选比较优秀的同学回答。

高级教师B：大概半小时左右吧，主要提几个重难点的问题，其他视学生回答而定，不太准备挑选哪个学生回答，除非这个问题太难了，只有个别学生会，偶尔会指定。

正高级教师C：花多少时间准备一堂课，要看这个课怎么上，如果思维性较高的课，还是要好好准备一下。一般会准备一个大问题，一个核心问题，从这个问题出发，再让学生自己引发其他问题，所以这个数量不确定。挑选举手的学生回答就行了，哈哈，主动生成的回答才是最棒的。

（3）访谈结果分析。

以上是三个教龄不同且回答较具体具有代表性的访谈，从表4-11中可知，越优秀的老师提问数量越少，挑选学生准备也几乎没有，因为优秀教师老师更重视学生的自动生成，学生自发的问题生成，更有助于学生的学习，正如教师C说的，只要准备一个核心问题，从这个问题出发，引导学生产生问题，自我学习，这才是真正的学习。但是从表4-11中明显发现，无论什么职称，备课时间还是比较充分的。当然职称越高，经验越丰富，因此高级以上的优秀教师意味着经验丰富，对教材、对学生的了解也更多，所以比中级教师可能准备时间少一点。但是换句话说，你越没有经验，反而要花越多的时间去准备，只有面面俱到，才能把握课堂，对学生的应答才能了如指掌。

二、小学数学优秀教师课堂提问课中实施情况调查分析

通过问卷调查和课堂观察来研究小学数学优秀教师课前课堂提问的实施情况（见附录 2）。

（一）问卷统计分析

为了调查教师在课堂上对提问的实施情况，分别对提问候答时间、有效提问因素、学生回答处理方式、培养问题意识等方面进行调查研究。

（1）提问候答时间。

根据调查结果得到表 4-12。

表 4-12　提问候答时间调查统计表

调查内容	选　项	选项数量	百分比 /%
您会留给学生多少时间思考问题	10 秒以上	2	6.7
	5~10 秒	13	43.3
	3~5 秒	15	50.0
	3 秒以内	0	0

从表 4-12 中可知，一半的教师给予学生思考时间是 3~5 秒；43.3% 的教师提问后候答时间为 5~10 秒；6.7% 的教师给予学生思考的时间是 10 秒以上。相信候答时间的长短一般跟问题的难易度有关，对于小学数学问题，通常问题的难度较低，所以大部分优秀教师候答时间都在 3~5 秒，随着问题难度加深，时间也会稍稍加长，给予学生 5~10 秒的教师让学生更加充分思考问题，10 秒以上，应该是问题较有难度了。但是没有一个优秀的小学数学教师会仅仅只给 3 秒钟的思考时间，说明优秀老师意识到思考时间长短的重要性，思考后的回答才是有效课堂所需的。

（2）有效提问因素。

优秀教师对于课堂有效提问的认知是实施课堂提问的重要基础，因此，以下是对优秀教师课堂理念的提问调查。见表 4-13。

表 4-13　有效提问因素调查统计表　（%）

调查内容 \ 选项	A	B	C	D	E
您认为影响课堂提问效果的最重要因素（多选）	100	70	56.7	0	93.3
您通常倾向于哪种课堂提问的类型（多选）	66.7	96.7	43.3	83.3	
您一般选择什么样的方式让学生回答问题（多选）	76.7	100	10	16.7	0

从第一个问题的数据可知：优秀教师对影响提问效果的重要因素其比例按从高到低顺序排列为问题设计、答后评价、提问方式、候答时间、作答对象，相对应的比例是 100%、93.3%、70%、56.7%、0%。由此可见，优秀教师普遍赞同问题的设计基本决定了最终的提问效果和回答的效果；而提问方式和答后评价也十分重要，一半以上的教师都选择了。而作答对象对于优秀教师不是很重要，可见，优秀教师对于课堂提问的设计面向所有同学，这样一来，学生的参与度也会高。

从第二个问题的数据可知，理解型的课堂提问最受优秀教师欢迎，比例达 96.7%；分析型问题也深得优秀教师的喜欢，占 83.3%；记忆型问题占 66.7%；评价型问题占 43.3%。由此可见，小学数学优秀教师的课堂提问注重学生的思维性，需要学生经过思考去理解题目、去分析题目才能作答。当然，记忆型问题也是必不可少，数学很多概念需要在理解的基础上去记忆，才能运用，这也是课堂考察的一部分。最后评价型问题是考察学生的主观判断能力。

从第三个问题的数据可知，在挑选学生回答问题的方式方面，所有优秀教师都会选择主动举手的学生回答问题；选择齐答的比例也很多，占 76.7%；让优等生回答占 16.7%；选择未举手回答的占 10%；自问自答的无。由此可见，小学数学优秀教师重视学生的主动性，愿意自愿回答问题的学生必然是愿意主动思考的。而根据小学生学习的特点，一些相对简单的问题譬如记忆型问题往往可以让学生齐答，但是多用齐答不利于学生的深入思考，也防止有滥竽充数的学生在课堂中。让优等生回答有利于推进课堂教学，也可以让不明白的同学通过优等生的回答了解的更透彻，不过也有它的弊端。选择未举手的学生回答有警醒学生的效果，促进他积极思考。

（3）学生回答处理方式。

小学数学课堂上经常会发生教师始料不及的回答，那么优秀教师是如何处理学生回答呢？因此，设置了以下三题对于教师处理学生回答的调查。见表 4-14。

表 4-14　教师处理学生回答调查统计表　（%）

调查内容 \ 选项	A	B	C	D
当学生不会回答时，您一般怎么办	10	56.7	33.3	0
当学生回答正确时，您一般怎么办	0	3.3	86.7	10
当学生回答不完整或错误时，您一般怎么办	50	3.3	46.7	0

从表 4-14 第一个问题的数据可知，当学生不会回答问题时，一半多的教师会提示他，让他继续回答；33.3% 的教师会找别的学生回答；10% 的教师会重复问题；自己讲解的教师为 0。可见，小学数学优秀教师还是倾向于学生回答为主，

会提示他，让他继续回答问题，若还是无法回答问题，也会挑选其他学生回答；重复问题相信也是让学生更好地思考问题来回答，优秀教师没有选择自己讲解，说明他们不以讲授为主，以学生为主，希望学生能够通过自己的思考回答问题，这样才能学得更好。

从表 4-14 中第二个问题的数据可知，当学生回答正确时，86.7% 的优秀教师会表扬他，并且进一步追问他是如何思考的；而有一位教师虽然表扬了他，但是并没有追问具体的思考过程和思考方式，可能是记忆型的问题。不加点评的教师没有，还有 10% 的教师会表扬他，并且会根据他的答案，适当追问他，这样的教师一定不仅有经验，而且有丰富的教育思想，可算的上是专家型教师。由此可见，大部分小学数学优秀教师都会表扬他，并且问思维过程，这是对学生回答肯定的同时，也让其他学生更加了解他的想法，有时候学生之间的讲解更容易理解。

从表 4-14 中第三个问题的数据可知，当学生回答不完整或错误时，没有教师会选择不加点评，叫别的同学；教师们都在 A 和 C 选项的较多，50% 教师选择鼓励学生说出这么回答的理由，提示他并让他思考后继续回答，可能是这位学生回答得不够完整，教师愿意再给一次机会，让他回答得更好；而 46.7% 的教师选择鼓励他，再让别的学生回答，可能是这位学生回答错误，于是便让机会留给其他同学。3.3% 的教师会不加点评，再让别的同学回答。0% 小学数学优秀教师不会直接否定学生，这是对小学生的尊重，也是鼓励小学生积极回答问题的另一种方式。

（4）问题意识的培养。

小学数学课堂十分重视培养学生的问题意识，因此设置了以下两个问题来的调查优秀教师在课堂上是如何培养学生的问题意识的。见表 4-15。

表 4-15　教师培养学生问题意识调查统计表　（%）

调查内容 \ 选项	A	B	C	D
在日常教学中，您是如何激发学生生成新问题？（多选）	100	96.7	76.7	0
在日常教学中，您的学生一般会主动提出问题多少次？	36.7	40	23.3	0

从表 4-15 第一个问题的数据可知，100% 的教师选择营造独立思考，自由探究的环境，就是说优秀教师都会创设问题情境，让学生独立思考，自由探究。96.7% 的教师选择引导学生“合理猜测，小心求证”，这符合数学思维逻辑，重视猜测——验证的探究过程。也有 76.7% 的教师喜欢学生质疑来激发新问题，质疑必然有问题产生。由此可见，小学数学优秀教师重视激发学生产生新问题，有问题才能去探索。

从表 4-15 中第二个问题的数据可知，40% 的教师学生会主动提问次数为 3~5 次；36.7% 的教师学生会主动提问次数为 5 次以上；23.3% 的教师学生会主动提问次数为 1~3 次；从来不提问的为 0。

综合以上调查结果来看，小学数学优秀教师重视问题的设计，善于创设问题情境，提问重视问题思维性，以理解型、分析型问题为主，记忆型、评价型为辅，对待学生公平、尊重、平等，鼓励学生积极回答问题、提出问题、思考问题，以此来提高课堂效率。❶

（二）课堂观察分析

从某地区 10 个学校挑选出有丰富教学经验的优秀教师授课。主要以新授课为主,以小学数学中“数与运算”和“图形与几何”两个不同类型的新授课各选 5 节，通过对 10 位小学数学优秀教师课堂视频的分析，分别统计他们的问题类型、挑选回答方式和理答方式进行统计，以理清小学数学优秀教师课堂提问的基本特征。

（1）问题类型分析。

从管理性、识记性、重复性、提示性、理解性和评价性等 6 个方面，对小学数学优秀教师的课堂提问类型进行统计。

1）“数与运算”问题类型观察结果。

课题：“小数的性质”

年级：四年级

授课教师：教师 A，教龄 10 年，中级教师

课堂提问行为统计见表 4-16。

表 4-16 “小数的性质”提问类型统计表

类型	管理 B1		识记 B2		重复 B3		提示 B4		理解 B5		评价 B6	
内容	次数	%	次数	%	次数	%	次数	%	次数	%	次数	%
教师 A	0	0	3	8.33	5	13.89	8	22.22	15	41.67	5	13.89

从表 4-16 可知，教师 A 比较倾向于提示性理解性提问，在课堂中很少运用“重复性提问”,“管理性提问”为 0,“识记性提问”和“评价性提问”各为 8.33% 和 13.89%，说明这类提问较少。

课题：“点图与数”

年级：二年级

授课教师：教师 B，教龄 20 年，高级教师

❶ 王灵芳 . 在“先学后教”的数学课堂中培养学生提出问题的意识 [J]. 都市家教（上半月）,2016（02）.

课堂提问行为统计见表 4-17。

表 4-17 “点图与数”提问类型统计表

类型	管理 B1		识记 B2		重复 B3		提示 B4		理解 B5		评价 B6	
内容	次数	%	次数	%	次数	%	次数	%	次数	%	次数	%
教师 B	1	2.17	3	6.52	3	6.52	3	6.52	30	65.22	6	13.04

从表 4-17 可知，教师 B 以“理解性提问”为主，占 65.22%，“管理性提问”较少，占 2.17%，“识记性提问”和“重复性”提问各占 6.52%，“评价性提问”占 13.04%。

课题：“流程图中的加减计算”

年级：二年级

授课教师：教师 C，教龄 8 年，中级教师

课堂提问行为统计见表 4-18。

表 4-18 “流程图中的加减计算”提问类型统计表

类型	管理 B1		识记 B2		重复 B3		提示 B4		理解 B5		评价 B6	
内容	次数	%	次数	%	次数	%	次数	%	次数	%	次数	%
教师 C	3	7.14	2	4.76	3	7.14	2	4.76	22	52.38	10	23.81

从表 4-18 可知，教师 C 在课堂中“理解性提问”占了一半左右，“评价性提问”占了 23.81%，由于是游戏引入，学生比较活跃，因此“管理性提问”占了 7.14%，“重复性提问”也占了 7.14%，“识记性提问”和“提示性提问”都比较少，占了 4.76%。

课题：“各人眼中的 20”

年级：一年级

授课教师：教师 D，教龄 13 年，中级教师

课堂提问行为统计见表 4-19。

表 4-19 “各人眼中的 20”提问类型统计表

类型	管理 B1		识记 B2		重复 B3		提示 B4		理解 B5		评价 B6	
内容	次数	%	次数	%	次数	%	次数	%	次数	%	次数	%
教师 D	3	12.00	2	8.00	2	8.00	2	8.00	12	48.00	4	16.00

从表 4-19 可知，教师 D 在课堂中“理解性提问”占 48.00%，“评价性提问”占了 16.00%，由于是低年级课堂，“管理性提问”占了 12.00%，其他各占 8.00%。

课题：“小数点的移动”

年级：四年级

授课教师：教师 E，教龄 38 年，正高级教师

课堂提问行为统计见表 4-20。

表 4-20 “小数点的移动”提问类型统计表

类型	管理 B1		识记 B2		重复 B3		提示 B4		理解 B5		评价 B6	
内容	次数	%	次数	%	次数	%	次数	%	次数	%	次数	%
教师 E	0	0	3	8.33	2	5.55	9	25.00	16	44.44	6	16.67

从表 4-20 可知，教师 E 各种类型的提问都有。“识记性问题”占 8.33%，“重复性提问”占 5.55%，“理解性提问”较多，占 44.44%，“评价性提问”占 16.67%，没有“管理性提问”，说明班级上课纪律好。

2）“图形与几何”问题类型观察结果。

课题：“平行四边形的认识”

年级：四年级

授课教师：教师 F，教龄 11 年，中级教师

课堂提问行为统计见表 4-21。

表 4-21 “平行四边形的认识”提问类型统计表

类型	管理 B1		识记 B2		重复 B3		提示 B4		理解 B5		评价 B6	
内容	次数	%	次数	%	次数	%	次数	%	次数	%	次数	%
教师 F	0	0	10	18.18	7	12.75	5	9.09	16	27.27	18	32.73

从表 4-21 可知，教师 F 在课堂中“评价性提问”较多，占 32.73%，其次是“理解性提问”占 27.27%，“识记性提问”和“重复性提问”各占 18.18% 和 12.72%，“提示性提问”较少，占 9.09%，没有“管理性提问”。

课题：“平行四边形的面积”

年级：四年级

授课教师：教师 G，教龄 7 年，中级教师

课堂提问行为统计见表 4-22。

表 4-22 “平行四边形的面积”提问类型统计表

类型	管理 B1		识记 B2		重复 B3		提示 B4		理解 B5		评价 B6	
内容	次数	%	次数	%	次数	%	次数	%	次数	%	次数	%
教师 G	0	0	6	16.22	3	8.11	3	8.11	17	45.95	8	21.62

从表 4-22 可知，教师 G 在课堂中“理解性提问”较多占 45.95%，其次是“评价性提问”占 21.62%，“识记性提问”占 16.22%，“提示性提问”占 8.11%，“重复性提问”占 8.11%。

课题：“长方体的体积”

年级：五年级

授课教师：教师 H，教龄 18，高级教师

课堂提问行为统计见表 4-23。

表 4-23 “长方体的体积”提问类型统计表

类型	管理 B1		识记 B2		重复 B3		提示 B4		理解 B5		评价 B6	
内容	次数	%	次数	%	次数	%	次数	%	次数	%	次数	%
教师 H	0	0	9	25.00	1	2.78	4	11.11	13	36.11	9	25.00

从表 4-23 可知，教师 H 在课堂中以“理解性提问”和“识记性提问”占较多，“评价性提问”占 25.00%，“提示性提问”占 11.11%。

课题：“线段射线直线”

年级：四年级

授课教师：教师 I，教龄 27 年，正高级教师

课例课堂提问行为统计见表 4-24。

表 4-24 “线段射线直线”提问类型统计表

类型	管理 B1		识记 B2		重复 B3		提示 B4		理解 B5		评价 B6	
内容	次数	%	次数	%	次数	%	次数	%	次数	%	次数	%
教师 I	0	0	10	21.28	7	14.89	5	10.64	14	29.79	11	23.40

从表 4-24 可知，教师 I 没有“管理性提问”，说明班级纪律好。“理解性提问”占 29.79%，“评价性提问”占 23.40%，“识记性提问”占 21.28%，“重复性提问”占 14.89%，“提示性提问”占 10.64%。

课题：“圆的初步认识”

年级：四年级

授课教师：教师 J，教龄 21 年，高级教师

课堂提问行为统计见表 4-25。

表 4-25 “圆的初步认识”提问类型统计表

类型	管理 B1		识记 B2		重复 B3		提示 B4		理解 B5		评价 B6	
内容	次数	%	次数	%	次数	%	次数	%	次数	%	次数	%
教师 J	0	0	13	37.14	5	14.29	4	11.43	7	20.00	6	17.14

从表 4-25 可知，教师 J 在课堂中“识记性提问”较多，占 37.14%，“理解性提问”占 20.00%，“评价性提问” 都占 17.14%，“重复性提问” 占 14.29%，“提示性提问”占 11.43%。没有管理性提问，说明班级纪律较好。

3）问题类型综合分析。

综上观察，把 10 位小学数学优秀教师的课堂提问类型进行汇总，结果见表 4-26。

表 4-26　课堂提问类型结果汇总表

类型	管理 B1		识记 B2		重复 B3		提示 B4		理解 B5		评价 B6		总次数
内容	次数	占比/%	次数	占比/%	次数	占比/%	次数	占比/%	次数	占比/%	次数	占比/%	
教师 A	0	0.00	3	8.33	5	13.89	8	22.22	15	41.67	5	13.89	36
教师 B	1	2.17	3	6.52	3	6.52	3	6.52	30	65.22	6	13.04	46
教师 C	3	7.14	2	4.76	3	7.14	2	4.76	22	52.38	10	23.81	42
教师 D	3	12.00	2	8.00	2	8.00	2	8.00	12	48.00	4	16.00	25
教师 E	0	0.00	3	8.33	2	5.56	9	25.00	16	44.44	6	16.67	36
教师 F	0	0.00	10	18.18	7	12.73	5	9.09	15	27.27	18	32.73	55
教师 G	0	0.00	6	16.22	3	8.11	3	8.11	17	45.95	8	21.62	37
教师 H	0	0.00	9	25.00	1	2.78	4	11.11	13	36.11	9	25.00	36
教师 I	0	0.00	10	21.28	7	14.89	5	10.64	14	29.79	11	23.40	47
教师 J	0	0.00	13	37.14	5	14.29	4	11.43	7	20.00	6	17.14	35
合计	7	1.77	61	15.44	38	9.62	45	11.39	161	40.76	83	21.01	395

从表 4-26 中可看出，小学数学优秀教师每节课平均提问 39.5 次，其中占比前三位的分别为理解性提问、评价性提问和识记性提问，分别占 40.76%、21.01% 和 15.44%。管理性提问最少，只占 1.77%，这表明优秀教师的授课的课堂纪律都比较理想，这与课堂具有吸引力是分不开的。

（2）挑选回答方式分析。

从“让全班学生齐答”“谁举手谁回答”“叫不举手的学生回答”“指定学生回答”这 4 个方面，对小学数学优秀教师的挑选回答方式进行统计。

1）“数与运算” 挑选回答方式观察结果。

从表4-27可知，教师A比较倾向于自主回答模式，即谁举手谁回答。而教师进行追问时，学生无法回答，此时，会指定同学回答，从数据中发现，这样的情况不多。学生齐答的次数也占少数。

表4-27 “小数的性质”教师让学生回答问题的方式统计表

项目	教师让学生回答问题的方式							
	C1 让全班学生齐答		C2 谁举手谁回答		C3 叫不举手的学生回答		C4 指定学生回答	
内容	次数	%	次数	%	次数	%	次数	%
教师A	4	11.11	25	69.44	0	0	7	19.44

从表4-28可知，教师B比较倾向于自主回答模式，即谁举手谁回答。在本节课中，低年级学生齐答的次数相对较多。当教师追问问题时，会指定学生回答。

表4-28 “点图与数”教师让学生回答问题的方式统计表

项目	教师让学生回答问题的方式							
	C1 让全班学生齐答		C2 谁举手谁回答		C3 叫不举手的学生回答		C4 指定学生回答	
内容	次数	%	次数	%	次数	%	次数	%
教师B	12	26.09	27	58.70	0	0	7	15.22

从表4-29可知，教师C比较倾向于自主回答模式，即谁举手谁回答，占64.29%。在本节课中，齐答的次数有6次。指定学生回答，占21.43%。

表4-29 “流程图中的加减计算”教师让学生回答问题的方式统计表

项目	教师让学生回答问题的方式							
	C1 让全班学生齐答		C2 谁举手谁回答		C3 叫不举手的学生回答		C4 指定学生回答	
内容	次数	%	次数	%	次数	%	次数	%
教师C	6	14.29	27	64.29	0	0	9	21.43

从表4-30可知，教师D比较倾向于自主回答模式，即谁举手谁回答。在本节课中，齐答的次数有1次。指定学生回答1次。

表4-30 “各人眼中的20”教师让学生回答问题的方式统计表

项目	教师让学生回答问题的方式							
	C1 让全班学生齐答		C2 谁举手谁回答		C3 叫不举手的学生回答		C4 指定学生回答	
内容	次数	%	次数	%	次数	%	次数	%
教师D	1	4.00	23	92.00	0	0	1	4.00

从表 4-31 可知，教师 E 比较倾向于自主回答模式，即谁举手谁回答，占 75.00%。在本节课中，齐答的次数有 5 次，占 13.89%。指定学生回答占 11.11%。

表 4-31 “小数点的移动”教师让学生回答问题的方式统计表

项目	教师让学生回答问题的方式							
	C1 让全班学生齐答		C2 谁举手谁回答		C3 叫不举手的学生回答		C4 指定学生回答	
内容	次数	%	次数	%	次数	%	次数	%
教师 E	5	13.89	27	75.00	0	0	4	11.11

2）“图形与几何”挑选回答方式观察结果。

从表 4-32 可知，教师 F 比较倾向于自主回答模式，即谁举手谁回答。在整节课中，学生齐答的次数也有一定的比例。情境引入时，教师 F 请了 2 次未举手的学生回答问题。指定学生回答 5 次。

表 4-32 “平行四边形的认识”教师让学生回答问题的方式统计表

项目	教师让学生回答问题的方式							
	C1 让全班学生齐答		C2 谁举手谁回答		C3 叫不举手的学生回答		C4 指定学生回答	
内容	次数	%	次数	%	次数	%	次数	%
教师 F	9	16.36	39	70.90	2	3.64	5	9.09

从表 4-33 可知，教师 G 比较倾向于自主回答模式，即谁举手谁回答。在整节课中，学生齐答的次数也有一定的比例。也会指定学生回答。

表 4-33 “平行四边形的面积”教师让学生回答问题的方式统计表

项目	教师让学生回答问题的方式							
	C1 让全班学生齐答		C2 谁举手谁回答		C3 叫不举手的学生回答		C4 指定学生回答	
内容	次数	%	次数	%	次数	%	次数	%
教师 G	5	13.51	27	72.97	0	0	5	13.51

从表 4-34 可知，教师 H 比较倾向于自主回答模式，即谁举手谁回答，占 86.11%。在本节课中，齐答的次数有 3 次，占 8.33%。指定学生回答占 5.55%。

表 4-34 “长方体的体积”教师让学生回答问题的方式统计表

项目	教师让学生回答问题的方式							
	C1 让全班学生齐答		C2 谁举手谁回答		C3 叫不举手的学生回答		C4 指定学生回答	
内容	次数	%	次数	%	次数	%	次数	%
教师 H	3	8.33	31	86.11	0	0	2	5.55

从表 4-35 可知，教师 I 比较倾向于自主回答模式，即谁举手谁回答，占 68.09%。在本节课中，齐答的次数有 8 次，占 17.02%。指定学生回答占 14.89%。

表 4-35 “线段射线直线”教师让学生回答问题的方式统计表

类型	教师让学生回答问题的方式							
	C1 让全班学生齐答		C2 谁举手谁回答		C3 叫不举手的学生回答		C4 指定学生回答	
内容	次数	%	次数	%	次数	%	次数	%
教师 I	8	17.02	32	68.09	0	0	7	14.89

从表 4-36 可知，教师 J 比较倾向于自主回答模式，即谁举手谁回答，占 71.43%。在本节课中，齐答的次数有 3 次，占 8.57%。指定学生回答占 20.00%。

表 4-36 “圆的初步认识”教师让学生回答问题的方式统计表

类型	教师让学生回答问题的方式							
	C1 让全班学生齐答		C2 谁举手谁回答		C3 叫不举手的学生回答		C4 指定学生回答	
内容	次数	%	次数	%	次数	%	次数	%
教师 J	3	8.57	25	71.43	0	0	7	20.00

3）挑选回答方式综合分析。

综上观察，把 10 位小学数学优秀教师挑选回答方式进行汇总，结果见表 4-37。

表 4-37 教师让学生回答问题的方式统计表

类型	C1 让全班学生齐答		C2 谁举手谁回答		C3 叫不举手的学生回答		C4 指定学生回答		总次数
内容	次	占比 /%	次	占比 /%	次	占比 /%	次	占比 /%	
教师 A	4	11.11	25	69.44	0	0	7	19.44	36
教师 B	12	26.09	27	58.70	0	0	7	15.22	46
教师 C	6	14.29	27	64.29	0	0	9	21.43	42
教师 D	1	4.00	23	92.00	0	0	1	4.00	25
教师 E	5	13.89	27	75.00	0	0	4	11.11	36
教师 F	9	16.36	39	70.90	2	3.64	5	9.09	55
教师 G	5	13.51	27	72.97	0	0	5	13.51	37

续表 4-37

类型	C1 让全班学生齐答		C2 谁举手谁回答		C3 叫不举手的学生回答		C4 指定学生回答		总次数
内容	次	占比 /%	次	占比 /%	次	占比 /%	次	占比 /%	
教师 H	3	8.33	31	86.11	0	0	2	5.55	36
教师 I	8	17.02	32	68.09	0	0	7	14.89	47
教师 J	3	8.57	25	71.43	0	0	7	20.00	35
合计	56	14.18	283	71.65	2	0.51	54	13.67	395

从表 4-37 中可以看出，小学数学优秀教师几乎不会叫不举手的学生回答问题，百分比几乎为 0，而“谁举手谁回答”这种方式占了一半以上，最少占 58.70%，最多可达 92.00%。这表明优秀教师尊重学生的自主性，喜欢叫主动举手发言的学生，而且主动举手发言的学生，回答往往更有思考意义。教师尊重学生，学生才会积极主动思考问题，良好的师生关系是实现有效互动的基础。

（3）理答方式分析。

小学数学教师的理答方式将从以下 6 个方面来进行统计：中途打断并自己给出答案、不理睬学生的回答或者随意批评学生、自己反复读问题、根据回答情况进一步追问、积极肯定学生的回答、鼓励学生主动提问。

1）“数与运算”理答方式观察结果。

从表 4-38 中可以看出，教师 A 非常注重对学生的追问，会鼓励学生回答，更加鼓励学生主动提出问题。

表 4-38　“小数的性质”理答方式统计表

	教师理答方式											
类型	D1 中途打断学生或自己给答案		D2 对学生的回答没有回应		D3 自己反复读问题或者答案		D4 根据回答情况进一步追问		D5 积极肯定学生的回答		D6 鼓励学生主动提问或回答	
内容	次数	%	次数	%	次数	%	次数	%	次数	%	次数	%
教师 A	0	0	0	0	5	13.89	18	50.00	6	16.67	7	19.44

从表 4-39 中可以看出，教师 B 会重复学生的回答再进行追问，课堂中会鼓励回答特别好的学生，会鼓励学生提出问题。

表 4-39 “点图与数”理答方式统计表

类型	教师理答方式											
	D1 中途打断学生或自己给答案		D2 对学生的回答没有回应		D3 自己反复读问题或者答案		D4 根据回答情况进一步追问		D5 积极肯定学生的回答		D6 鼓励学生主动提问或回答	
内容	次数	%	次数	%	次数	%	次数	%	次数	%	次数	%
教师 B	0	0	0	0	9	19.57	23	50.00	6	13.04	8	17.39

从表 4-40 中可以看出，教师 C 会重复学生的回答较少，追问较多，课堂中会鼓励回答特别好的学生，也会鼓励学生提出问题。

表 4-40 “流程图中的加减计算”理答方式统计表

类型	教师理答方式											
	D1 中途打断学生或自己给答案		D2 对学生的回答没有回应		D3 自己反复读问题或者答案		D4 根据回答情况进一步追问		D5 积极肯定学生的回答		D6 鼓励学生主动提问或回答	
内容	次数	%	次数	%	次数	%	次数	%	次数	%	次数	%
教师 C	0	0	0	0	3	7.14	26	61.9	8	19.04	5	11.9

从表 4-41 中可以看出，教师 D 会重复学生的回答较少，追问较多，课堂中会鼓励回答特别好的学生，也会鼓励学生提出问题。

表 4-41 “各人眼中的 20”理答方式统计表

类型	教师理答方式											
	D1 中途打断学生或自己给答案		D2 对学生的回答没有回应		D3 自己反复读问题或者答案		D4 根据回答情况进一步追问		D5 积极肯定学生的回答		D6 鼓励学生主动提问或回答	
内容	次数	%	次数	%	次数	%	次数	%	次数	%	次数	%
教师 D	0	0	0	0	4	16.00	12	48.00	4	16.00	5	20.00

从表 4-42 中可以看出，教师 E 会重复学生的回答较少，追问较多，课堂中会鼓励回答特别好的学生，并且鼓励学生提出问题。

表 4-42 “小数点的移动”理答方式统计表

类型	教师理答方式											
	D1 中途打断学生或自己给答案		D2 对学生的回答没有回应		D3 自己反复读问题或者答案		D4 根据回答情况进一步追问		D5 积极肯定学生的回答		D6 鼓励学生主动提问或回答	
内容	次数	%	次数	%	次数	%	次数	%	次数	%	次数	%
教师 E	0	0	0	0	1	2.78	24	66.67	4	11.11	7	19.44

2）“图形与几何”理答方式观察结果。

从表 4-43 中可以看出，教师 F 在提出问题之后会进一步进行追问，更加鼓励学生提出问题，偶尔也会重复学生的答案。

表 4-43　“平行四边形的认识”理答方式统计表

类型	教师理答方式											
	D1 中途打断学生或自己给答案		D2 对学生的回答没有回应		D3 自己反复读问题或者答案		D4 根据回答情况进一步追问		D5 积极肯定学生的回答		D6 鼓励学生主动提问或回答	
内容	次数	%	次数	%	次数	%	次数	%	次数	%	次数	%
教师 F	0	0	0	0	4	7.27	33	60.00	8	14.55	10	18.18

从表 4-44 中可以看出，教师 G 重视对学生的追问，会鼓励学生提出问题，也会重复学生的答案。

表 4-44　“平行四边形的面积”理答方式统计表

类型	教师理答方式											
	D1 中途打断学生或自己给答案		D2 对学生的回答没有回应		D3 自己反复读问题或者答案		D4 根据回答情况进一步追问		D5 积极肯定学生的回答		D6 鼓励学生主动提问或回答	
内容	次数	%	次数	%	次数	%	次数	%	次数	%	次数	%
教师 G	0	0	0	0	5	13.51	26	70.27	1	2.70	5	13.51

从表 4-45 中可以看出，教师 H 会重复学生的回答较少，追问较多，课堂中会鼓励回答特别好的学生，并鼓励学生提出问题。

表 4-45　“长方体的体积”理答方式统计表

类型	教师理答方式											
	D1 中途打断学生或自己给答案		D2 对学生的回答没有回应		D3 自己反复读问题或者答案		D4 根据回答情况进一步追问		D5 积极肯定学生的回答		D6 鼓励学生主动提问或回答	
内容	次数	%	次数	%	次数	%	次数	%	次数	%	次数	%
教师 H	0	0	0	0	3	8.33	23	63.89	6	16.67	4	11.11

从表 4-46 中可以看出，教师 I 会重复学生的回答较少，追问较多，课堂中会鼓励回答特别好的学生，并且鼓励学生提出问题。

表 4-46 “线段射线直线”理答方式统计表

类型	教师理答方式											
	D1 中途打断学生或自己给答案		D2 对学生的回答没有回应		D3 自己反复读问题或者答案		D4 根据回答情况进一步追问		D5 积极肯定学生的回答		D6 鼓励学生主动提问或回答	
内容	次数	%	次数	%	次数	%	次数	%	次数	%	次数	%
教师 I	0	0	0	0	2	4.26	26	55.32	6	12.77	13	27.66

从表 4-47 中可以看出，教师 J 会重复学生的回答较少，追问较多，课堂中会鼓励回答特别好的学生，并且鼓励学生提出问题。

表 4-47 “圆的初步认识”理答方式统计表

类型	教师理答方式											
	D1 中途打断学生或自己给答案		D2 对学生的回答没有回应		D3 自己反复读问题或者答案		D4 根据回答情况进一步追问		D5 积极肯定学生的回答		D6 鼓励学生主动提问或回答	
内容	次数	%	次数	%	次数	%	次数	%	次数	%	次数	%
教师 J	0	0	0	0	1	2.86	22	62.86	4	11.43	8	22.86

3）理答方式综合分析。

综上观察，把 10 位小学数学优秀教师的理答方式进行汇总，结果见表 4-48。

表 4-48 理答方式结果汇总表

类型	D1 中途打断学生或自己给答案		D2 对学生的回答没有回应		D3 自己反复读问题或者答案		D4 根据回答情况进一步追问		D5 积极肯定学生的回答		D6 鼓励学生主动提问或回答		总次数
内容	次数	占比/%	次数	占比/%	次数	占比/%	次数	占比/%	次数	占比/%	次数	占比/%	
教师 A	0	0.00	0	0.00	5	13.89	18	50.00	6	16.67	7	19.44	36
教师 B	0	0.00	0	0.00	9	19.57	23	50.00	6	13.04	8	17.39	46
教师 C	0	0.00	0	0.00	3	7.14	26	61.90	8	19.04	5	11.90	42
教师 D	0	0.00	0	0.00	4	16.00	12	48.00	4	16.00	5	20.00	25
教师 E	0	0.00	0	0.00	1	2.78	24	66.67	4	11.11	7	19.44	36
教师 F	0	0.00	0	0.00	4	7.27	33	60.00	8	14.55	10	18.18	55

续表 4-48

类型	D1 中途打断学生或自己给答案		D2 对学生的回答没有回应		D3 自己反复读问题或者答案		D4 根据回答情况进一步追问		D5 积极肯定学生的回答		D6 鼓励学生主动提问或回答		总次数
内容	次数	占比/%	次数	占比/%	次数	占比/%	次数	占比/%	次数	占比/%	次数	占比/%	
教师 G	0	0.00	0	0.00	5	13.51	26	70.27	1	2.70	5	13.51	37
教师 H	0	0.00	0	0.00	3	8.33	22	63.89	6	16.67	6	11.11	26
教师 I	0	0.00	0	0.00	2	4.26	26	55.32	6	12.77	13	27.66	47
教师 J	0	0.00	0	0.00	1	2.86	22	62.86	4	11.43	8	22.86	35
合计	0	0.00	0	0.00	37	9.37	233	58.99	53	13.42	72	18.23	395

从表 4-48 中可看出，在小学数学优秀教师的课堂中，理答方式占比最高的是“根据回答情况进一步追问”，占比 58.99%，其次是“鼓励学生主动提问”，占比 18.23%；紧接着是“积极肯定学生的回答”；最后是“自己反复读问题或答案”。没有一位优秀教师会“中途打断学生或自己给答案”，也不会“不理睬学生或者随意批评学生”，因此这两项占比都为 0。

（4）课堂提问风格聚类分析。

将 10 位小学数学优秀教师的提问类型、挑选问题方式和理答方式统计量导入 SPSS，进行聚类分析。结果表明，教师 B 和教师 C 的课堂提问风格可归为一类，教师 A、教师 E、教师 F、教师 G、教师 H、教师 I 和教师 J 的课堂提问风格可归为一类，而教师 D 的风格独自一类。若再将其细分，可将教师 B 和教师 C 的课堂提问风格归为一类，将教师 A、教师 E、教师 G 和教师 H 的提问风格归为一类，教师 F、教师 I 和教师 J 的课堂提问风格归为一类，教师 D 的风格独自一类。聚类结果见图 4-17。

教师 B 和教师 C 在提问环节，理解性提问的比例分别占了 65.22% 和 52.38%，在全部 10 位教师中排名前两位，比起均值 41.08% 也高出不少，这表明他们偏重理解性提问；在提问的叫答环节，他们在“谁举手谁回答”的比例在 10 位教师中是最低的，比例分别是 58.70% 和 64.29%，这表明他们在课堂教学中比较关注学的还不是很好的学生。因此，可以把这两位教师的提问风格归纳为理解型。

教师 A、教师 E、教师 G 和教师 H 的提问数量基本一致，都在 36 次左右，与总体均值相差不大；在提问环节，虽然理解性提问是他们提问类型中比例最大的，但是他们的提示性提问的比例在 10 位教师中位居前列；在挑选回答方式时，

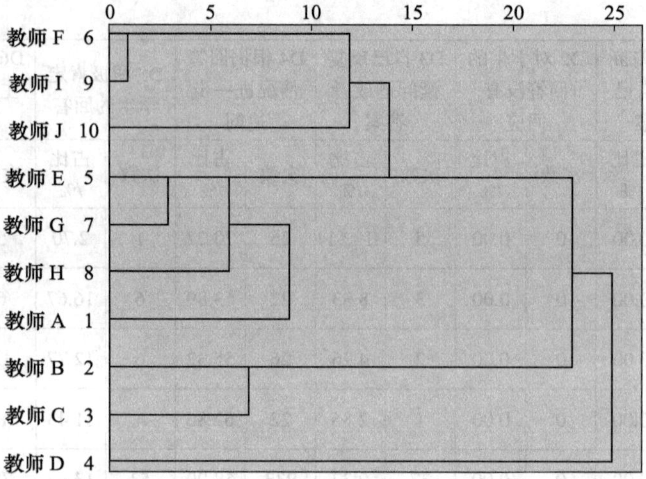

图 4-17 10 位教师提问风格分割聚类树状图

无明显特点，各类型比例与均值差异不大；但是在理答环节，追问和鼓励学生主动提问的比例稍高与其他教师。因此，可以把这两位教师的提问风格归纳为追问型。

教师 F、教师 I 和教师 J 的提问特点是相对来说在各方面都较为均衡，在提问环节，各种类型都较为平均，没有一种类型的比例是超过 33% 的，这与其他教师的理解性提问占据多数（基本都超过 40%）有较大的区别，他们在识记性提问、理解性提问、提示性提问和评价性题目方面的比例差异不大；在挑选回答方式时，虽然谁举手叫谁回答的类型较多，但是一起回答或指定学生回答也有一定比例；在理答环节，虽然根据回答情况会进一步追问的比例是最高的，但是肯定学生的回答和自己回答的比例在 10 位教师中也属于中等。因此，可以把这两位教师的提问风格归纳为平衡型。

教师 D 的提问次数是最少的，只有 25 次，远低于 10 位教师提问的平均值 39.5 次；在提问环节，他的管理性提问占了 12.00%，该比例是 10 位教师中最高的；在挑选回答方式时，他的全班生一起回答和指定学生回答的比例都只有 4.00%，也都是 10 位教师中最低的，而谁举手叫谁回答的次数占了绝对多数，达到了 92%；在理答环节，根据回答情况进一步追问的比例为 48.00%，是 10 位教师中最低的。这表明，教师 D 的课堂提问风格相对保守，挑选回答方式较为常规，相比较其他教师缺乏追问，也会出现管理性提问，可将其风格称为保守型。

值得一提的是，以上聚类结果表明，小学数学优秀教师的提问风格与他们的教龄和提问数量没有直接的联系。这或许可以说明，教龄达到一定程度后，教师的教学风格就会基本定型。提问风格的具体内容和分类见表 4-49。

表 4-49　小学数学优秀教师课堂提问风格分类表

类　别	教　师	主要特点
理解型	教师 B、教师 C	理解性问题比重高，较为关注没举手的学生
追问型	教师 A、教师 E、教师 G、教师 H	追问性问题较多，鼓励学生提问和回答
平衡型	教师 F、教师 I、教师 J	各种提问、挑选回答方式和理答方式相对较均衡
保守型	教师 D	基本上只让举手学生回答，追问相对较少

三、小学数学优秀教师课堂提问课后反思情况调查

这部分通过问卷调查和访谈调查得出小学数学优秀教师在课后对课堂提问的反思情况（见附录 2）。

（一）问卷统计分析

（1）反思情况。根据教师问卷调查的结果，得到表 4-50。

表 4-50　课后反思情况调查统计表

调查内容	选　项	选项数量	百分比 /%
教师课后会及时反思自己的课堂提问行为吗?	总是会	8	26.7
	经常会	17	56.7
	偶尔会	5	16.7
	从不会	0	0

从表 4-50 中可知，83% 以上的优秀教师表示课后经常会对课堂提问进行反思，思考问题所在，并在以后的课堂上改进，这说明小学数学优秀教师基本上都有课后反思的习惯。反思有助于教师的专业成长，有助于课堂教学的改善。优秀教师的经验累积也是在每一次的课堂教学反思中累计起来的，这有助于他们更快地成为专家型教师。

（2）反思方法。根据教师问卷的调查结果，得到表 4-51。

表 4-51　教师常用的教学反思方法调查表

调查内容	选　项	选项数量	百分比 /%
您经常使用哪些教学反思方法？（多选）	听课评课教研组活动	27	90
	案例反思	15	50
	询问学生、家长意见	6	20
	向专家请教	23	76.7
	教学后记	30	100

进行教学反思的重要工具就是选择有效的教学反思方法。从表 4-51 可以发现，优秀教师最常用的教学反思方法是写教学后记和参加听课评课教研组活动。听课评课教研组活动是学校展开教学反思活动最常见的形式，各位听课教师各抒己见，上课教师可以充分吸取其他教师的教学意见，扎实自己的教学实践。教学后记是教案写作的最后一部分，往往是教师上完课后及时写下课中反思的关键部分，可见优秀教师 100% 的选择这种方式，记录课中出现的关键问题进行思考反思，有助于改进策略的实施。另外，50% 的优秀教师会通过写案例进行反思。向专家请教也是一种促进教学反思的方法，只是遇见专家的机会比较少，但是依然有 76.7% 优秀教师积极的使用这种方法，可见努力追求必有所长。而询问学生、家长意见的比例较少，只有 20%。

（3）反思问题及对策。优秀教师是如何反思课堂提问中发生的问题，得到表 4-52。

表 4-52　教师反思问题及对策调查表　（%）

调查内容 \ 选项	总会	经常会	偶尔会	从不会
您能敏锐捕捉到课堂提问中存在的问题吗？	10	70	16.7	3.3
发现问题后您会及时寻找到问题产生的原因吗？	60	26.7	13.3	0
您会对问题进行解答并提出对策吗？	56.7	36.7	0	6.7
您会实施并验证对问题的解决对策吗？	16.7	46.7	26.7	10

通过这四个问题对小学数学优秀教师课堂提问反思问题及对策的调查可知，80% 的教师常常会，敏锐地捕捉到课堂提问中存在的问题，相信这时优秀教师在课后马上能够意识到的问题；60% 的教师总会及时寻找问题根源，没有老师会在发现问题后不去寻找原因，这体现了教师积极追求教学进步的专业性；当问题出现后，80% 以上的教师会积极地对问题解答并提出对策，努力地改进教学，使得教学效果更佳；最后，46.7% 的教师和 16.7% 的教师会频率较高地实施对问题的解决对策，也就是常说的二次试教，看看理论得出的方法，在经过反思后，能不能在课堂上实践出更有效果的教学。

（二）访谈统计分析

（1）访谈结果。通过对小学数学优秀教师的访谈，了解他们在课堂提问后的反思情况，结果发现不同职称的小学数学优秀教师在提问数量、提问内容以及提问效果方面有较大区别。见表 4-53。

表 4-53　优秀教师课堂提问课后反思情况调查表

职称＼反思情况	提问数量	提问内容	提问效果
中　级	1	1	
副高级	1	1	1
正高级		1	1

注：1 表示重点反思的部分。

（2）访谈部分内容。

研究者：上完课后，您会对课堂提问的情况以及回答情况进行反思和总结吗？会反思哪些内容？

中级教师 D：问题的数量是不是太多了，问题的内容有没有需要修改的，哪些地方学生不能理解，再改一下这个问题的表达。

高级教师 E：主要会反思一个提问内容，还有提问是不是太频繁，学生能不能接受。

正高级教师 F：反思一下这节课的核心问题十分解决了，学生对这个核心问题是否理解，有没有生成的新问题没有解决，我设置的问题情境效果怎样，学生是否感兴趣。

（3）访谈结果分析。从表 4-46 可知，优秀教师一般会从提问数量、提问内容和提问效果来进行反思。很明显，提问内容是优秀教师反思的最主要的部分，可以从提问内容的表达和提问的情境来反思，学生能否理解、是否感兴趣都是教师反思的部分。正高级教师比较注重最终学生回答的效果，毕竟提问的主要目的是为了了解学生的学习掌握情况，看学生是否真正了解了所学内容，这才是提问的最终目的。经验加反思才能快速成长。

四、小学数学优秀教师课堂提问调查总结

（一）小学数学优秀教师课堂提问前准备充分

（1）认真写教案。从调查得知，66.7% 的小学数学优秀教师会认真写教案。教案是体现教学环节的“剧本”，教案写得好，课就成功了一半，因此，可以发现优秀教师很重视写教案，甚至会一遍遍地修改教案，以求最完美的“剧本”，上出最好的课堂。

（2）准备问题时间充裕。63.3% 的小学数学优秀教师准备时间充裕。从实际访谈结果也可以看出，绝大部分优秀教师都意识到了课堂提问的重要性，课前准

备的问题都比较充分。

（3）问题设计考虑因素多样化。有 76.7% 的优秀教师重视问题表达，90% 的优秀教师重视学生对问题回答的预设。小学数学所教的是小学生，因此在问题准备上一定要适应学生的学习基础，因此在问题的设计上，优秀教师也是花足了功夫去准备。63.3% 优秀教师经常会在课前准备时预设学生们的回答，说明要提高课堂教学，了解学生已有的知识基础，指导他们的想法，是必不可少的。

（二）小学数学优秀教师课堂提问的实施优点

（1）精心创设问题情境，核心问题引领全课堂。从问题情境的运用分析中不难发现，10 位优秀教师的问题情境的创设各不相同，教师不仅仅是单纯的提问，让学生回答，而是教师把学生引入情境所隐含的“数学问题”中，即核心问题，让学生发现现有条件和学习目标之间需要解决的矛盾、疑难等所产生困惑、焦虑、探索的心理状态，这种心理又促使学生积极思考，不断产生疑惑并提出问题，然后通过探索来解决问题，从而形成自己的见解，学生经历情境、思考核心问题的过程就是提升学生思维的思维过程。

（2）课堂提问的问题类型以理解性为主，识记性为辅。通过调查发现绝大部分教师在提问的时候，比较偏向于理解型问题，并且理解性问题常伴随识记性问题一起出现。另外，83.3% 的教师喜欢提出分析型问题。可见，小学数学优秀教师在课堂上注重学生的学习思维，不是单纯的在课堂上听课，而是需要他们积极思考，有时候通过教师的问题，还能产生自己疑惑，并且提出新问题，这才是真正的学习。另外，从课例编码分析结果也发现，优秀教师在课堂中也是更多地运用“复杂性”提问，即“理解性提问（32%）”和“评价性提问（24%）”，这也是对学生的思维能力要求较高，在情境的引导下，问题可以激发学生的自主探究欲望。学生只有主动激发自己的思维，自发性的对数学产生理解，才能真正学好数学。

（3）挑选回答方式以“谁举手谁回答”为主，“全班齐答”为辅，并且尊重学生，与学生平等交流。在教学提问中，小学数学优秀教师十分尊重学生，与学生平等交流。尤其是职称越高的教师，教师十分幽默，课堂气氛幽默融洽。由于小学生比较活跃、好动，有时候教师为了严肃课堂气氛，会严厉地叫不会回答的学生回答问题，其实这样会让学生产生惧怕心理，反而无法思考。而从挑选回答问题方式的研究数据中可以发现，优秀教师叫未举手学生回答问题的百分比几乎为 0，打断学生回答问题或者消极批评的百分比也为 0。可见，教师的尊重、民主，得到的是学生积极思考，主动举手发言，更愿意投入课堂的回报。这就是良好的师生关系实现有效互动的基础。[1]

---

[1] 张嫦婵 . 影响小学生课堂积极性的因素分析 [J]. 新课程（综合版），2013（03）.

（4）理答方式以“追问”为主，常伴随“鼓励、表扬学生”。调查发现，小学数学优秀教师善于用积极的理答方式，对于回答正确的学生，给予表扬和鼓励，而对于回答错误的学生也给予了适当的肯定，通过表扬或者鼓励的方式追问学生，让他们更愿意说说自己的想法。这种积极的反馈方式是小学生特别需要的，小学生本就是比较幼小的心态，还未成熟，当得到老师亲切的鼓舞和表扬，以后会更加积极地在课堂上发言，甚至会喜欢上这门学科、这个老师，一旦有了喜欢的动力，学习起来就更加的主动，自然学得更好。所以，新教师一定要慷慨地给予学生赞扬和肯定，小孩子特别喜欢听到好听的话，这会让他们觉得自己的学习和付出是正确的、值得肯定的，并激发他们的探索欲，有效提高教学的质量。

（三）小学数学优秀教师课堂提问后重视反思

（1）反思重点内容。课后反思是教师获得成长和积累经验的必要手段，只有学会进行课后反思，教师才能够真正提高自己的教学能力和课堂提问能力。[1]绝大部分教师不仅注重课堂提问，而且课后也会积极进行反思，以不断积累经验。优秀教师重视从以下三个方面进行反思：反思提问数量；反思提问内容；反思提问效果。通过反思，才能知道自己的课堂问题在哪里，才能去改善课堂中的问题，下次提问时就不会犯同样的错误。

（2）反思方法多样化。90% 的优秀教师会积极听取数学教研组的意见；50% 的优秀教师会通过案例写作进行反思，突出自己课堂的优缺点；76.7% 的优秀教师会向专家请教自己课堂中出现的问题；最后所有的老师都会写教学后记，及时反思，这是最简单，也是最快记录自己课堂问题的反思方法。

（3）反思对策。在访谈中有老师特别提到，当课堂上遇到没有在备课时预设到的学生问题，一时无法解答，这就非常需要教师的课后反思。反思问题的由来，反思下次实践该怎样回答等。这也是一种经验积累的方式，从不断反思、不断总结中提升自己的教学实践，并不断加强自身的专业素质。[2]

---

[1] 陈胜洋．教学反思：教师成长之路 [J]．校本教研，2007（07）．

[2] 李藜．大力加强新课程改革下的反思与合作教学 [J]．新课程学习（中），2014（10）．

第五章　数学课堂有效提问的内涵

课堂提问是教师教育教学的重要方式，能够使教师同学生之间的联系和沟通加深，利于教师引导学生对所学知识的探索，启迪学生的思维，使学生更热爱学习。本章对数学课堂有效提问的内涵进行了分析，并针对如何实现课堂提问的有效性展开了探索。

第一节　数学课堂提问的目的

在数学课堂提问中，有一类提问目的是检查反馈，还有一类提问目的是启发学生的思维。在所有提问中，这两类提问所占比例较多。下面就这两种提问目的的有效落实进行研究。

一、确定提问目的的意义

确定提问目的对数学课堂有效提问有着重要的意义，主要表现在以下两个方面。

（一）目的决定活动的方式与方法

马克思说：“自觉的目的作为规律决定着人的活动的方式和方法。”目的决定方向，决定路线，决定方式和方法。数学教学是师生双边的一种教学活动，在整个教学过程中，教师要不断作出各种决定。为了实现有效教学，他要考虑选择什么样的教学方法，运用什么样的教学手段，运用这个手段要达到什么目的等。提问作为一种教学手段，教师有什么样的提问目的，也决定了其采用什么样的提问方法。

（二）目的性是有效提问的重要特征

目的性是数学课堂有效提问的重要特征。当说一种行为是否有效时，是在与这种行为目的对照后作出的判断。如果目的达到了就说明有效，否则就是无效。有效的提问就是实现或较好地实现了提问目的。从这个意义上说，确定提问目的对数学课堂有效提问有着前提性意义。此外，提问有了目的，问题就会更有针对性。在提问时，教师选择提什么样的问题，是与提问目的紧密相关的。在不同的目的下，教师选择问题的侧重会有所不同。有了明确的目的，教师选择问题就有了方向，问题的针对性也会大大增强，进而更有效地促进学生的学习。

二、确定提问目的的主要依据

（一）确定提问目的的主要依据是教学目的

确定提问目的是数学课堂有效提问的前提，那么，确定数学课堂提问目的的主要依据是什么呢？提问作为一种教学的手段，主要是为数学教学服务。因此，确定数学课堂提问目的的主要依据应是数学教学目的。

一方面，教学目的是对教学活动的总体要求。教学是一种有目的的活动，教学目的是希望通过教学活动让学习者学会什么，达到什么？或者更好地去做什么，或者在思想上、行为上发生什么样相对持久的变化，进而促使教师回答“我为什么要教这个”和“我为什么要这样教”的问题。它是教学活动的总体要求，对一节课具体教学目标的确定、教学方法的选择、教学手段的运用都有直接影响。

另一方面，对教学目的认识不同，会形成不同的提问目的。在数学教学中，教学目的可以有多个视角，不同视角下的教学目的，会使教师在提问目的上有所不同。如教学目的是促进学生知识与技能、过程与方法、情感、态度与价值观的全面发展，那么在选择提问目的时就会对各方面都有所考虑，而不是只注重某一方面。如果着眼于学生可持续发展，就会对学生的思维、学习能力、认识力等较为关注。

（二）可持续发展视角下的数学教学目的

数学教学目的是确定数学课堂有效提问的主要依据。然而，有研究表明，很多教师对数学教学目的包括哪些方面并不十分清楚。为此，下面从学生可持续发展的视角，提出以下数学教学目的。

（1）使学生爱学。使学生爱学，就是通过数学教学，培养学生对学习的热情，包括好奇心、求知欲、学习兴趣、探求世界的积极态度等。

这是一个需要终身学习的时代，任何教学都应该激发学生学习的热情，使学生始终具有像儿童一样的好奇心、求知欲和积极探求的态度，为学生日后的终身学习、可持续发展奠定基础。

约翰·杜威（John Dewey，1859~1952）[1]非常强调兴趣对学生有效思维的作用。他指出：“兴趣的分歧是有效思维的最大仇敌，不幸的是，这种分歧在学校

[1] 约翰·杜威（John Dewey，1859 年 10 月 20 日 ~ 1952 年 6 月 1 日），美国著名哲学家、教育家、心理学家，实用主义的集大成者，也是机能主义心理学和现代教育学的创始人之一。

里是常见的。学生表面上对教师、对功课是注意的，而他的内心最深处，却另有兴趣的所属。他的学习是强制的，他要回答教师的问题，预备学校的考试，或要获得教师或父母的欢心。可是，所学习的材料，本身上并不能吸引他的心思，他的学习不是聚精会神一心一意的。一个人只要全心倾注于一种功课，则这功课便自会引着它前进，教材就能够摄住他的心思，鼓舞他的思维。这种热忱的态度，是一种理智的力量。教师如能激发这种求知的热忱，他的成功便非任何形式的方法所能企及的了。”

反观现在的数学教学，这种“兴趣的分歧”正是今天很多数学教学的真实写照。学生在忙碌地应付着各种各样大大小小的考试(每周一小考，两周一大考，单元考，月考等)，使一些学生过早地产生厌学情绪。一些学生并没有从内心深处产生对数学的热爱，也不是出于对数学知识的渴求，才去学数学。随之而来的是学生本来所具有的天生的好奇心、求知欲被抹杀了，换来的却是“儿童期的天真、丰富的想象以及对各种试验探索的爱好，这些很近于科学的思维态度”的减少和丧失。这些对学生未来可持续发展需要的可贵品质，一旦失去，当要重新唤起时，将会非常困难，甚至再也不可能。

学生对学习热情的缺乏，好奇心、求知欲的流逝，直接影响学生的有效学习，从而导致数学课堂教学效率不高，教学行为低效、无效。为此，只有激发学生的学习热情，使学生想学、爱学，学生的主体性、主动性才能体现出来，教师的教学指导也才会有效。

（2）使学生会学。使学生会学，就是通过数学教学，让学生掌握一些学习方法和思维方式，知道学什么，用什么方法学，能进行独立学习和思考。

联合国教科文组织曾在调查报告中指出：未来的文盲不是不识字的人，而是不会学习的人。从终身学习的意义来说，每个人都要自觉地更新自己的知识结构，去适应社会发展的需要，学会学习将是每个人可持续发展的重要保证。

数学教学的任务不仅是培养学生理解和掌握课本中已有的数学知识，更重要的是在学习这些知识的同时，使他们能获得独立的学习能力，以使将来能学习和掌握课本以外的更多、更高级、更艰深的知识，进而去探索、发现、创造那些尚未被人类掌握的客观真理。

美国国家教育委员会在《人人关心数学教育的未来》的报告中指出，数学教师必须引导学生自觉地学习。从长远来说，真正重要的事情不是记住一些数学技巧，技巧不常用，很快就会忘记，而是树立一种自信心，即当他需要某一种数学工具时，知道如何去发现并掌握这一工具。

为此，数学教学除了教学生学什么，让学生想学，还要教学生怎么学。即通过有效的数学教学，最终使学生形成良好的学习行为或学习习惯，掌握一套有效的学习方法。当他们离开老师后，仍能“从无到有”地进行探究，并能独立获取自身发展所需要的知识。

数学教学要使学生会学，并不是脱离数学知识孤立地去教方法，而要像“在游泳中学游泳”那样，在用一定方法教的过程中让学生学方法，这就对教师在教学时的关注点提出了新的要求。如要使学生掌握一般科学研究的方法，教师就要运用“一般科学研究方法”去教，把要学习的新知识或要解决的问题看作一个研究课题，带领学生经历“形成问题，构建概念，寻找方法，验证假设和语言表达”这样的过程，使学生在一般科学研究的过程中掌握诸如观察、比较、归纳、类比、猜想等方法。再如数学概念的学习不是只想获得数学概念的内容，而是带领学生去建构数学概念。学习解题，不是会解一道题，而是要学解一类题，最终掌握解决问题的方法，把这些方法迁移到其他的问题解决中去。如果学生掌握了一定的方法，当他们面对一个未知的问题，就会知道解决它要从哪里开始思考，又如何一步一步达到问题的核心，直至最终问题的解决。

（3）发展学生的认识力。有效教学把学生是否获得发展作为判断的标准。发展的内涵是多方面的，就其形式而言，有内在发展与外在发展。内在发展是一种着重追求以知识的鉴赏力、判断力与批判力为标志的发展，外在发展是一种以追求知识的记忆、掌握、理解与应用为标志的发展。简单地说，内在发展是智慧发展，外在发展是知识发展，两种发展具有关联性，又是相对独立的。从人的可持续发展看，教学在关注外在发展的同时，更要着眼于内在发展。

数学教学是以数学知识为载体的教学，不仅要让学生通过数学学习获得外在的发展，即掌握一定的数学知识和技能，还要使学生获得内在发展，使其认识力有所提高。所谓认识力，就是人们对世界（包括客观世界和主观世界）各种事物的认识能力，是学生在把所学知识融会贯通后，能对事情作出独立判断和分析的一种能力，它具有缄默性的特点。主要包括对问题独有的思维方式，敏锐的洞察力、辨析力、鉴赏力、判断力、预见力等。

教师有了发展学生认识力的观念，才会考虑如何通过数学教学来发展学生的认识力。对于数学教学而言，发展学生的认识力应该围绕对学生数学思维培养来展开，并在长期的教学活动中渗透。

简单地说，从可持续发展视角看，数学教学的目的就是让学生爱学、会学，最终在认识力上获得发展数学教学目的只是确定提问目的的主要依据，是一个宏观上的指导，如果具体到某一节课，还要与该节课的教学目标等因素结合起来，确定出恰当的提问目的。

三、检查反馈目的的有效落实

检查类提问的目的很明确。教师想通过提问来检查学生对所学知识的掌握或巩固情况，进而根据学生反馈回来的信息来决定或调整自己后续的教学。因此，它对整个数学课堂有效教学有很大的影响。然而，在很多时候，正是这一目的明确的提问，却常常因为各种原因无法得到真正有效落实，即教师的提问并没有检查出学生的真实学习状况。如果教师再依据这些不准确的反馈信息来进行教学决策，势必造成数学课堂教学的低效或无效。

（一）提问目的不一定能得到落实

一个数学家的女儿由幼儿园放学回到了家中，父亲问她今天学到了什么？女儿高兴地回答道："我们今天学了'集合'。"数学家想："对于这样一个高度抽象的概念来说，女儿的年龄实在太小了。"因此，他关切地问道："你懂吗？"女儿肯定地回答："懂！一点也不难。"这样抽象的概念难道会这样容易吗？听了女儿的回答，作为数学家的父亲还是放心不下，因此，他又追问道："你们的老师是怎样教的？"女儿说："老师先让班上所有的男孩子站起来，然后告诉大家这就是男孩子的集合；其次，她又让所有的女孩子站起来，并说这就是女孩子的集合；接下来，又是白人孩子的集合，黑人孩子的集合，等等。最后，老师问大家：'是否都懂了？'她得到了肯定的答复。"这样的教学法似乎也没有什么问题，因此，父亲就以如下的问题作为最后的检验："那么，我们能否以世界上所有的匙子或土豆组成一个集合呢？"迟疑了一会，女儿最终回答道："不行！除非它们都能站起来。"[1]

在这个故事中，教师和数学家爸爸分别对这位学生进行了提问，他们提问的目的都很明确，即通过提问检查学生对"集合"这一概念的掌握情况。

当教师问学生"是否都懂了？"学生回答"懂了"，于是教师得出的结论是：学生已经懂了"集合"这个概念。爸爸也向女儿提问是否懂了"集合"的概念，她的回答同样是"懂了"。爸爸在询问了教师是如何教"集合"后，对其做了进一步提问。结果发现，女儿知道从元素是否具有某种共同性质出发来判断是否是一个集合，这一点令他欣慰。但同时他发现，由于受教师课堂举例的局限，女儿竟然误把"都能站起来"当作是集合的本质属性了，原来她并没有完全懂集合的概念。

这里教师和数学家爸爸的提问目的都是很明确的，但是，同样的提问目的，他们却得到了截然相反的结论。一个因为没有真正检查出学生对这一概念的掌握情况，提问目的没有达到，而另外一个提问目的则得到了有效落实。这说明，提问有了目的还是不够的，还要关注其能否得到有效落实。

在数学课堂提问中，教师通过类似于"懂了没有""理解了没有""会了没

---

[1] 引自罗增儒《提问的作用》。

有”“明白了没有”等问题来检查学生的提问比较普遍，而面对学生齐声回答的“懂了”“理解了”“会了”“明白了”，学生的真实情况是否就是如此呢？显然仅凭这一点，教师还是不能完全确定学生学习的真实状况。

（二）检查反馈目的得不到有效落实的原因

教师提问检查学生的学习状况，主要是对学生学习存在问题进行诊断，并从学生的回答获得反馈，进而调节自己的教学。如果教师从学生的回答获得的反馈是学生真实情况的反映，那么它就得到了有效落实。反之，检查目的就没有得到有效落实。

为什么同样的提问目的，一个得到了有效落实，而另外一个没有呢？为了弄清检查目的得不到有效落实的原因，下面把教师与学生的对话和数学家爸爸与女儿的对话的放在一起作进一步的比较。见表 5-1。

表 5-1 教师与学生的对话和数学家爸爸与女儿的对话的比较

教师与学生的对话	数学家爸爸与女儿的对话
教师：“大家是否都懂了？” 学生：（齐答）“懂了。”	爸爸：“你懂吗？” 女儿：（肯定地回答）“懂！一点也不难。” 爸爸：“那么，我们能否以世界上所有的匙子或土豆组成一个集合呢？” 女儿：（迟疑了一会）“不行！除非它们都能站起来。”

通过比较发现，教师和爸爸在开始提问时都用“懂了吗？”这样的问句来检查学生对知识的理解情况学生都给予了肯定的回答，“懂了！”不同之处是：教师在听到学生回答“懂了”后就终止了提问，而爸爸在听到“懂了”的回答后既没有肯定也没有否定，而选择了继续提问。另外，爸爸再次提问的内容也发生了变化，他并没有再提类似“真的懂了吗”这样的问题，而是给出了一个具体的例子，让女儿作出判断。通过以上比较分析，发现检查目的不能得到有效落实的原因主要有以下两个方面。

（1）提问过于笼统。数学课堂提问中，类似“懂了没有”“理解了没有”“会了没有”“明白了没有”等提问过于笼统；对学生而言，“懂什么了”“什么就算懂了”这些问题很含糊，不明确。可能在学生自己看来确实是“懂了”，但实际上却未必真懂。因为教师心目中的“懂了”与学生理解的“懂了”不一定是同一回事，甚至不在同一个层次上。

（2）缺乏对学生回答的质疑和追问。很多时候，教师常常把学生回答的“懂了”当作其学习真实情况的反映，并据此来决定自己下一步的教学。当学生的实际情况并非如此时，教师得到的反馈就可能对后面的教学产生不良影响。如果教师在听到“懂了”后，能够进一步质疑并追问，让问题进一步深入，那么就可以从另外一个侧面检查出学生的真实情况。否则,如果教师只停留在满足于学生“懂了”的回答，就很有可能出现类似这位学生误把“能站起来”当作集合的本质属性，使检查目的得不到有效落实。

（三）检查反馈目的有效落实的策略

（1）目的细化。在提问一开始，提问的目的可能比较宏观和笼统，但是，随着学生对问题的回答,目的要不断细化。

在一个数学定理的学习中，如果教师提问“你懂了吗”，学生的理解可能只是懂了定理的内容,或者定理的证明。而在教师看来,这里面除了懂定理的内容、证明，可能还有定理的灵活应用等。如果让提问目的细化，检查目的相对就容易落实。

在对目的细化时，应该逐步深入。如对于某个定理的学习，教师可以问：这个定理所讲的内容你明白了吗定理的条件是什么？结论是什么？这个定理你会证明了吗？你是如何证的？证明这个定理的关键在什么地方？你能用这个定理解决其他问题吗？你能用这个定理证明某一类型的问题吗？

（2）目的具体化。在前面的故事中，爸爸的检查目的得到了有效落实。其中一个很重要的原因，那就是他对什么是“懂了”有一个清晰的认识。在听到女儿回答“懂了”后，他作了进一步的提问。他没有问女儿“集合”的定义是什么，而是给出了一个具体的例子来让女儿判断，结果发现女儿根本没真正懂什么是集合。爸爸的目的非常明确，他要求的“懂了”不是看能不能背诵出“集合”的概念而是真正懂了它的内涵和外延。

皮亚杰学派的学者在研究学习时，常常问学生“你是怎么知道的”，而不是“你知道吗”。因为在他们看来，只有学生能够解释他是怎么知道的，才能说明已经掌握了。显然，他们对于什么是“掌握了”有一个明确而具体的认识。

如果教师为了检查学生对所学知识的掌握情况，直接问学生“大家掌握了没有”，学生很可能回答“掌握了”。当提问就此终止时，学生是否真的掌握还是不得而知。如果能把“掌握”具体化一些，从学生的回答中就能发现更多的信息，检查目的就可能得到较好的落实。

（3）教师对提问可能作出假设。为了能让检查的目的有效落实，教师可以对提问的可能做出假设。如在备课或提问前，可以先问自己一些问题，并尝试作出回答。“如果我是学生，会怎么回答这个问题”，然后在此基础上进一步追问自己，如果学生这样回答了，我该怎么办。

如果教师的提问目的是检查学生的知识掌握情况，那么可以先问自己：“要检查什么呢？是学生对某个概念的记忆、识别、理解，还是运用？”

“如果我这样问了，学生可能会怎么回答？”

“学生如何回答才说明他真正理解了呢？”

“学生如果不这样回答我该怎么办？”

例如，教师如果要检查学生对平行四边形概念的记忆，那么准备这样的问题就可以了：什么叫平行四边形？

如果要考查学生对平行四边形概念的理解情况，看学生能否正确识别，那就要准备类似下面这样的问题：下列图形中（图 5-1），哪几个是平行四边形？为什么？

图 5-1　不同图形

教师通过对提问作出假设，相当于是和学生进行了一次换位思考。一方面，教师通过这种问自己和对自己的追问，可以加深对课题内容的理解；另一方面，对教学过程中学生要学习什么、如何学、学到什么程度有了较为具体的认识和新的思考。在实际提问时，就会尽可能避免或减少那种过于笼统的“懂了吗”的提问，使检查目的落到实处。

（4）把握不同提问检查的特点。同样出于检查的目的，当提问出现在教学的不同阶段或以不同的形式出现时，检查什么，学生如何回答就表明检查得到有效落实，只有把握了不同提问的特点，才能让检查目的得到有效落实。

如复习提问是数学教学中最常见的一种提问，一般出现在一节课的开始，既有检查前面所学知识，起到进一步巩固和强化知识的作用，同时还可以为新知识的讲授作准备，起到引入新课的作用。可见，在复习提问中，检查并不是唯一目的，它还担负着在复习过程中引出新课题的任务。

古人云,“温故而知新”。复习提问固然先是“温故”,但“温故”的目的在于“知新”。如果一般的提问检查目的主要在于获得学生的反馈的话，那么复习提问的检查就是在促进学生复习巩固知识的同时为“引新”作准备。这时检查目的的有效落实重点就落在了是否找到了新旧知识之间的联系。

把握了这个特点，在具体提问时，要提问什么、检查什么就有了导向，检查是否到位也就有了判断的依据。

四、启发思维目的的有效落实

启发学生思维，发展学生的各种思维能力，是课堂提问最主要的功能。数学教学的主要任务是培养学生的数学思维能力。运用提问来引发学生的思考，促进学生思维的发展是数学课堂有效提问的一个重要目的。但在实际教学中，并非所有的提问都能起到“点燃学生思维导火索”的作用，达到“一石激起千层浪”的效果。有效提问除了要有启发思维的目的，还要关注它的有效落实。

古希腊哲学家亚里士多德（公元前384年~前322年）说：“思维是从惊讶和问题开始的。”问题性是思维的重要特征，思维总是要指向于解决某个问题，完成某一项任务，如果没有问题（或问题情境），就不会导致思维。在数学课堂教学过程中，如何提问才能引起“惊讶”，产生问题呢？这需要从学生认知发展的规律说起。

（一）皮亚杰关于儿童认知发展的理论

瑞士心理学家皮亚杰对儿童认知发展作了研究。他认为，影响儿童认知发展的因素有4个：自然环境；天赋或遗传；社会和教育；平衡化（或自动调节）。其中，前3个条件只为发展提供了可能性，而这种可能性向现实性转化的过程也就是由平衡化和自动调节所指引的认知结构层层递进的建构过程。因此，平衡化与其他经典因素相比，处于更高的层次。简单地说，平衡化就是平衡状态的发展过程。他认为平衡化有3种类型。

（1）同化和顺化之间的关系。所谓认知活动，就是主体把客体同化于他的认知格式和结构（同化于己），同时又使他的认知格式和结构顺化客体的特征（顺化于物）。同化与顺化是主体适应于外物的不可或缺的两个过程，它们之间平衡就意味着主体适应了环境，不平衡就是不适应。一般而言，在平衡状态时，以主体同化为主；在平衡化的过程中，则以顺化为主。因此，智慧的本质就是低水平的适应向高水平的适应不断提高，从而使主体的认知结构日趋丰富充实，认识能力更为增强，获得更为深入全面的关于客体的知识。

（2）认知结构中各个子系统之间的关系。例如有关逻辑数学的运算（分类、序列化、计数等）的子系统与有关空间运算（如长度、面积等的计算）的子系统之间有可能产生矛盾，这就会导致平衡化过程的产生。

（3）主体的总体知识与其部分之间的关系。这一类型的平衡化与前面两种类型相比，更为“根本”，因为任何发展阶段，主体的部分知识和总体知识之间，必定要逐渐建立起一种稳定的平衡。总体的知识不断分化到部分中去，而部分的知识又不断地整合到总体中去。随着分化的整合，总伴随着新的问题的产生这些新的问题使得主体能“在以往运演的基础上构成新的运演”。

（二）认知冲突是诱发和促进学生思维发展的动力

在皮亚杰看来，思维结构的变化与发展是一个“平衡—不平衡—平衡……”的动态过程，在这个过程中，平衡化起着关键的作用。从以上平衡化的3种类型可以看出，无论是哪一种关系，都是主体新的认识与原有的认识发生矛盾，形成了认知冲突，进而有了新问题。

认知冲突不仅会激起学生激烈的思维振荡，还会使他们产生弥补“心理缺口”的愿望，引起学生学习需要的不平衡。在情感领域，也会生成一种强烈的乐于学习、主动参与探索、渴望获取问题解决办法的心理倾向。从而为进一步学习在知识、思维、情感等方面蓄积了良好的准备态势。

可见，认知冲突不仅是学生学习的内在动机，也是诱发和促进学生思维发展的动力。因此，数学课堂教学中，教师的提问要能引发学生的思考，启迪学生的思维，关键是要通过提问引发学生的认知冲突。

（三）如何引发认知冲突

学生的数学学习，其认识发生过程是一个从“惑”到“识”的过程。学生有了认知冲突才能生“惑”，有了惑才能在教师的提问后积极思考。要使启发思维目的得到有效落实，提问必须引发学生的认知冲突。数学教学中有很多矛盾和冲突，但它们往往潜藏在教学内容的背后，如果不经教师质疑问难，学生的内心不一定能产生冲突。在提问时，如果教师问在适当之处，就可以让这些冲突凸显出来，引起学生的思考。

（1）问在学生易错之处。学生学习过程中容易出错的地方，往往就是学生认识上有冲突的地方。导致错误的原因在于学生对问题本身以及相关因素没有完全理解和把握，没有意识到不同问题的差异所在。在教学时，教师可以利用自己的教学经验，在关键的地方，通过有效提问引起学生的注意，化解学生的错误观念，使学生获得正确的认识。

（2）问在教材冲突之处。提问是教学活动发展思维的主宰者，是思维活动的动机。镌刻于教材中的人类本质力量，通过教师的提问，挑明矛盾，学生通过克服困难，解决矛盾而展开思维活动，再通过教师释疑而实现认识之网的扩大、再编，实现思维能力的提高，达到发展思维的目的。

数学教材中的内容安排，由于种种原因，在内容的选择上会有所取舍，有些重点介绍，有些属于选学或自学，有些内容需要学生掌握，有些不需要掌握。有时，对于同一个问题的解决，由于运用的方法不同，可能会出现不同的结果。这种不同就会使学生产生认知冲突，为什么同样的问题既可以这样解释，也可以那样解释，到底哪一个正确，还是本质上一致？这种认识的冲突，驱使学生有解除疑惑的愿望，并试图找出矛盾的症结所在。如果教师能对教材中这些内容深入分析、仔细挖掘，就可以通过提问，使学生展开积极的思维。

（3）问在新旧知识冲突之处。任何数学新知识的出现，大都有其产生的背景，要么是在旧知识基础上对内容进一步的扩展或延伸，要么就是运用已有知识无法解决某一问题需要引入新的概念或方法。教师可根据新旧知识的内在联系，在新知识的生长点处设问，促进旧知识与新知识的迁移与渗透，加深学生对新知识的理解，建立完善的知识网络结构，促进其一般科学研究方法的形成与认识力的提高。

在通过提问激发学生新旧知识的冲突时，要视具体的内容而定，不应该过于勉强，主要是找到知识的生长点，而不应该脱离学生的一般认识，否则就会给人为问而问之感，达不到引发认知冲突的目的。

第二节　数学课堂有效提问概述

一、数学课堂有效提问的内涵

《现代汉语词典》对“有效”的解释为“能实现预期目的，有效果”。[1] 在英文中，有效（effective）一词的解释是：“having a noticeable or desired effect；producing the desired result”，[2] 意思是“获得了显著的或想得到的结果；达成了预期或所期望的结果”。可见，当说某种行为有效无效，是把实际得到的结果同预期的结果进行比较后做出的一种判断。如果实现了预期的目的，则此活动就被看作是有效的，反之则无效。在此意义上，有效提问就是较好地实现了提问目的，获得了较好的教学效果的提问。

对课堂提问和有效提问的含义有了一些认识之后，下面来分析数学课堂有效提问的内涵。

首先，从有效提问本身来讲，提问作为一种教学行为，要有预期的目的，有效或无效是与预期结果作出比较后的一种判断。但教学活动有其特殊性，既有预设性一面，也有生成性的一面。在实际教学中，并不一定要完全实现了预设提问目的的提问就是有效提问。有时，当预设目的没有实现的情况下，教师根据课堂的实际情境，灵活生成了新的提问目的，可能同样达到了较好的教学效果，那么，这样的提问也是有效的。因此，这里要强调的是“较好”地实现提问目的，而不是必须完成。另外，这里的提问目的既包含预设性提问目的，也包含生成性提问目的，在实际教学中，这两者更多的是处于一种流动状态。

其次，提问作为一种教学手段，主要是为教学服务。在教学活动中，学生是

---

[1] 中国社会科学院语言研究所词典编辑室 . 现代汉语词典 [M]. 北京：商务印书馆，1994.

[2] Longman Dictiongary of Comtemporary English[M]. Longmangroup LIMITED，1978.

教学主体，教师是教学的向导。那么，提问这种手段到底有效还是无效，应该从学生的学习和发展身上体现出来。学生的数学学习，不仅包含数学知识的学习，还包含促进学生的思维力、判断力等各种认识力提高的学习。数学教学是以数学知识为载体的教学，学生认识力的发展要在学生数学知识的学习过程中获得。因此，有效提问首先应表现在能促进学生的数学理解同时，在这个过程中，认识力得以发展。

综上两方面，简单地说，数学课堂有效提问，从提问本身来讲，是能较好地实现提问目的的提问；从学生学习的角度来讲，是能促进学生的数学理解和认识力提高的提问。

二、理解数学课堂有效提问内涵的基础

提问是数学教学的一种手段，有效提问是实现数学有效教学的重要教学策略。因此，要能更为深入和具体地理解数学课堂有效提问的内涵，离不开对数学教学和数学有效教学的认识。

（一）对数学教学的认识

对于“教学”的不同理解，常常导致不同的教学观。一般对“教学”的理解有以下 4 种情况：第一，“教”的意义上的教学。这种意义上的教学更多地强调教师的“教”，把教学主要看作是“传授”或“传递”知识或经验。第二，在“学”的意义上的教学。这种意义上的教学更强调学生的“学”，突出了学生的主体性地位，教学是学生在教师指导下积极主动地获取知识。第三，“教”与“学”协同活动的教学。这里把教学看作是教师传授和学生学习的共同活动。第四，在“教学生学”意义上的教学。这种意义下的教学与前一种不同，“即教师的教和学生的学”并不是并列的，“教师的教”是教学系统中的高层次活动，教就是教学生学。[1] 此处对教学的理解更多地倾向于第四种，即“教学生学”，并在此基础上来认识数学教学。

（二）数学有效教学

“有效教学”作为一个教学论的概念被提出来的时间并不长，但却是近年来教学论研究的热点问题之一。[2] 在教学中，有效教学具体表现为有效益、有效率。有效益是有效教学的核心，就是通过教师在一段时间的教学之后，学生获得了一

---

❶ 李定仁，徐继存 . 教学论研究二十年 [M]. 北京：人民教育出版社，2001.

❷ 高慎英，刘良华 . 有效教学论 [M]. 广州：广东教育出版社，2004.

定的进步或发展。[1]有效率，就是在相对较少的教学投入下，获得了较多的教学效益。

数学有效教学也体现在数学教学效益和数学教学效率两个方面。就教学效益而言，主要是看学生的进步和发展。数学教学中学生的进步与发展，除了有数学知识方面的内容，还包含学生的思维以及认识力发展等方面的内容。对于数学教学效率，不单纯是学生对数学知识的吸收率，或是一节课的教学内容的多少，而要看综合效果。从学生的学习来看，有效率表现为其能全身心、积极、主动地参与数学学习；从数学教学结果来看，包括认知成绩、理性精神、效率意识、良好的认知结构和数学学习能力等多方面。[2]

有了对数学教学和数学有效教学认识的基础，下面进一步理解数学课堂有效提问的内涵。首先，数学课堂有效提问从提问本身来讲，意味着实现了一定的提问目的。由于数学教学有预设性和生成性的特点，因此，数学课堂有效提问应该能较好地实现提问目的，这其中既包含预设性提问目的，也有生成性提问目的其次，无论是数学教学的"二重原理"，还是数学有效教学的有效益有效率，其落脚点都是学生的进步与发展，那么，有效提问也应重点关注学生的进步与发展。最后，它们都在强调学生数学知识获得的同时，也要关注学生数学思维的发展，认识力的提高。因此，从学生学习而言，有效提问应该促进学生的数学理解和认识力的提高。

三、数学课堂有效提问的特征

数学课堂有效提问的特征是区别于低效、无效提问的标志，它对于提问有效与无效的判断以及如何进行有效提问都是非常重要的。下面从数学课堂有效提问的内涵出发，提出数学课堂有效提问的几个主要特征。

（一）目的性

提问是一种教学行为，是实现有效教学的重要手段，提问有效与无效更是与目的相比较以后的一种判断。从这个意义上说，目的性是有效提问本身应该具有的特性。其次，从提问过程是否有效来看，目的决定教师提问的方式与方法，提问有了明确的目的，会极大地增强提问的针对性，提高实施的效率。在提问时对选择什么样的问题，问什么样的学生，如何提问就会有较为明确的指向。因此，目的性是有效提问最根本的特征。

---

[1] 崔允漷．有效教学：理念与策略（上）[J]. 人民教育，2001（06）．

[2] 王光明．数学教学效率论 [D]. 南京：南京师范大学，2005.

从文献研究发现，目的性受到很多研究者的重视，但更多的关注点集中在提问是否有无目的、目的是否明确上，对其他方面关注较少。结合对教师和学生的调查，目的性应该从目的的确定和有效落实两个方面来理解。

（1）目的的确定。课堂提问在教学过程的各个阶段都有所体现，在不同的阶段提问，目的也不尽相同。因此，提问目的的确定不光要看教师确定了什么样的目的，还应包括下面几方面的内容。

首先，要认识到提问目的对有效提问的重要性。在判断提问是否有效与无效时，更多的关注点常常在提问的方法与技巧，而往往忽视有着“缄默”特性的目的，对其重要性认识不够。

其次，依据什么来确定提问目的。教师在确定提问目的时，依据不同，往往会确定不同的提问目的，进而导致采取不同的提问方法。提问是为教学服务，是为实现教学目的服务的，因此教学目的应该是确定提问目的最主要依据。尽管教学目的比较宏观，但可以起到导向的作用。有效教学要促进学生的发展，应着眼于学生的全面发展和可持续发展。因此，教学目的应该从学生可持续发展的视角出发，重视对学生学习兴趣、学习习惯、学习方法的养成，关注学生认识力的提高。另外，具体到一节课的提问目的，还应与这节课的具体教学目标、教学重点等结合起来考虑。

最后，要考虑如何确定提问目的。教学活动既有预设性的一面，也有生成性的一面，课堂提问同样具有这样的特点。因此，在确定提问目的时，不仅要考虑如何预设提问目的，还应考虑如何有效地生成提问目的。预设提问目的可以看作是预设教学的一个组成部分，只有教师对为什么要提这个问题，想达到什么目的做到心中有数，才会避免一些随意性的与教学无关的提问。在具体预设时，要对学生和教材做出具体的分析。生成提问目的需要教师在教学过程有较高的教学智慧和教学机制，能根据学生的回答和表现来生成新的提问目的，促进学生有效学习。

（2）目的的有效落实。在与教师的访谈中发现，绝大多数教师都认为自己的提问是有目的的，但是这个目的是否得到了有效落实，却很少去深入思考。从一些数学课堂观察来看，提问目的得不到落实的现象较为普遍。

如教师提问的目的是想检查学生对知识的掌握情况，只是简单地提问学生“懂了吗”学生回答“懂了”，而实际上学生并不一定真正懂了，教师检查的目的就可能落空；还有一些提问，目的是想启发学生的思维，但却没有通过提问达到启动学生的思维并让学生的思维得到拓展和延伸的效果。总之，只有目的而不再对照和反思目的是否得到了有效落实，对提问的有效性有很大的影响。为此，对于不同目的的提问，应该采取不同措施，让提问目的尽可能落在实处。

(二) 启发性

启发是教学过程中的重要环节。教学过程的进展，在许多情况下，是靠启发来进行的。[1]在教学实践中，启发的手段和方法多种多样，但提问是最方便也是最常用的启发手段之一数学课堂有效提问的启发性集中表现在启发学生的思维和启发学生学习。

（1）启发思维。在数学教学中，启发思维表现为多个方面。

首先，有效提问要启动学生的思维。数学有效教学离不开学生学习主动性、积极性的发挥，其关键要看学习内容是否能引起学生学习的兴趣，并促其积极主动地思考。提问要引起学生的思考，必须让学生有“惑”，产生“问题”，使其认识上有矛盾或冲突。在数学教学中，存在各种各样的冲突，但学生未必能意识到。这时，教师可以通过提问，来引发学生原有认知结构和新知识之间的冲突和矛盾，进而引发思考问题，产生探索问题、解决问题的渴求。如在学习负数之前，可以通过有效提问，引发学生产生“数不够用”的认知冲突，使学生对引入负数的背景及必要性有所认识，并能积极展开对相关问题的思考。

其次，有效提问要深化学生的思维。数学教学内容与其他学科不同，它具有形式化、高度抽象的特点。在学生思考问题过程中，常常会出现思维受阻，无法解决问题的情形。有效提问可以给学生以暗示，给思维以正确的导向，让其茅塞顿开。有时，学生对问题的思考停留于表面，不够深入。这时，教师类似“为什么是这样？”等的发问，可以引发学生对问题更深入地思考，进而促进学生对数学知识的理解，深化思维。

最后，有效提问能拓展学生的思维。在数学学习过程中，学生的思维往往局限于某一方面，缺乏把相应的思想方法迁移并运用在其他地方的能力。通过有效提问，可以使学生的思维得以延伸和拓展，在解决问题中举一反三，从多角度、多方面思考问题。

（2）启发学生学。数学教学要教学生学，不仅要教学生学什么，还要教学生如何学。因此，数学课堂有效提问除了启发学生思考外，还要启发学生进行有效学习。这里的学习不仅包括数学知识的学习，还有方法的学习，使学生知道如何学。有效提问应使学生学会运用提问来帮助自己学习。在这方面，著名数学教育家波利亚的“怎样解题表”中的“提问单”，就是很好的典范。[2]它一方面告诉教师如何运用“好的提问”去教学生解题，同时，又要使学生从中也学会这种提问的方法，使他们离开教师后，也能像教师提问那样向自己提问，以帮助自己思考和解决问题。

---

❶ 张武升．教学艺术论 [M]. 上海：上海教育出版社，1993.

❷ G. 波利亚著，徐弘等译．怎样解题——数学教学法的新面貌 [M]. 上海：上海科技教育出版社，2002.

(三) 多样性

有效提问的多样性是指在具体提问过程中，有效性所表现出的各种各样的形式。教学活动是教师与学生的双边活动，具有很强的实践性，由于教学内容、教师教学风格不同、学生个性差异等，都需要教师根据实际情况去有效提问。在不同的情况下，可能都实现了有效提问，促进了学生发展，但表现出的形式可能是多样的。具体表现在问题的多样性和方法的多样性。

(1) 问题的多样性。在提问时，向学生提什么样的问题，是教师需要首先面对的具体问题。从不同的视角看，问题的类型和形式多样。

首先，从问题的内容来看，包括的形式有很多，如数学课堂提问中有数学概念、数学定理、数学命题、数学证明、计算等。如对于数学概念，又有描述特征性的概念、描述操作性的概念等；数学定理有简单定理和复杂定理等。在提问中，各种各样的内容可能都有所涉及。

其次，从问题的思维水平看，可能会有回忆性、理解性、运用性、综合性等各个层次。对于同样的数学内容，有时提问可能只需要回忆具体内容就可以，有时可能针对理解，有时还要看能否运用。而对于某些层次的问题，提问的侧重也会有所不同，如同样是运用，有些问题属于简单运用，而有些则需要灵活运用。

最后，从问题的开放程度看，有些问题是封闭性问题，有些是开放性问题；有些开放程度较大，有些开放程度较小。如果从培养学生具有发散性思维出发，开放性问题就会多一些；如果培养学生的收敛思维，封闭性问题可能就会多一些。

(2) 方法的多样。不同的学科内容，从不同的视角看会有不同的提问方法。如从提问的作用看，有复习提问、巩固提问、总结提问等；从发问的形式来看，有直问、曲问、互问、反问、设问、追问等；从提问的教学要求看，有基础性提问、拓展性提问等。总之，从不同的视角看，提问的方法是多样的。在实际提问过程中，教师应根据教学内容的特点，灵活选择适当的提问方法。

(四) 方法性

有效提问的方法性特征包含两方面的意思，一方面指提问本身要讲究方法；另一方面是指通过提问，给学生渗透一定的方法论知识。

(1) 提问要有方法。教学是一门艺术，提问作为一种教学行为，要达到预想的目的，更要讲究方法与技巧。

首先，问题的表述要简明扼要、条理清楚，能使学生快速抓住问题的关键。

其次，提问要实现启发性，发问应该有一定的方法。启发性的提问是由很多问题构成的一个问题链，问题与问题的组织应该有一定的顺序，要使不同程度的学生都能从提问中获得启发，对问题展开积极的思考。

最后，提问的方法多种多样。当具体到数学课堂提问时，要有一些具有数学学科特点的提问方法，以能促进学生更好地理解数学，如变式性提问等。

（2）方法论渗透。有效提问的方法性不仅体现在使学生受到启发，获取知识，还体现在能给学生一定的方法论渗透。对学生而言，掌握一些一般科学研究的方法，对其未来走向社会以及可持续发展都将受益匪浅。

首先，教师要有通过提问，教给学生思考一般问题、研究一般问题科学方法的观念。提问不仅仅是让学生掌握某些数学知识或获得解决某类特殊问题的方法，而要在自己的有效提问下，让学生知道如何获取知识，在解决某一问题的同时，知道如何思考问题，即在有效提问中渗透一般科学研究方法。

其次，教师自觉运用某一种方法来提问，给学生进行方法论的渗透。对同一个要学习的内容，可以有各种不同的提问方法，如果教师想在提问中给学生有意识渗透一些方法论知识，那么他在提问时也应该运用这样的方法去提问。如在学习分式的性质时，教师可以运用类比式提问，"从分数的性质，你能说出分式可能具有什么性质吗？"这样的提问，既使学生得出了分式的性质，同时还知道了它是如何来的——是通过分数的性质类比得出的，认识到这两种知识之间是有某种紧密联系的。这种提问不仅在潜移默化中给学生渗透了类比的方法，还对学生一般科学研究方法的养成和创造性思维的培养起到了很好的作用。

（五）示范性

数学课堂有效提问的示范性包括两个方面：一方面是指教师通过对一个学生的提问，给所有学生在思考问题方法等方面起到示范性作用；另一方面指教师的提问给学生学习提问起到好的示范作用。

数学教学要面向全体，一个有效的数学课堂提问，不应只是教师和某一个叫答者之间的对话；提问也不只是让一个学生的思维受到启迪，而要以对这个学生的提问作为示范，引发其他所有人对这一问题深层次的思考，让所有人都能从中受益。苏联教育家巴班斯基长期致力于课堂教学过程最优化的研究，他在对课堂提问研究中发现，当有一个学生在回答教师提问时，只有 14.8% 的学生在注意听其回答。[1]这表明，当一个被叫答的学生回答问题时，其他很多人认为这个提问与自己没有关系，便不再对问题做尝试性回答或进一步思考，这样他也就无法对别人的回答做出自己的判断。这样的提问，对全体学生的数学学习而言，将无疑是低效的。反观中国的数学课堂，这种现象也比较突出。为此，教师在组织问题、

[1] 余文 . 数字课堂中如何有效倾听 [J]. 幸福家庭：教育论坛，2013（01）.

选择提问对象以及听取学生回答时，都要进一步思考，这个提问，除了让回答者的思维受到启发外，其他旁听者是否也从中受益，或比回答者有更大的收获。另外，数学课堂上除了教师提问外，学生的提问也很重要，多数情况下，学生的提问往往是从模仿教师开始。可见，教师提问水平的高低对学生学习提问有很大影响。为此，教师课堂提问时，无论是问题的表述还是对学生回答的评价等都要慎重考虑，真正给学生学会提问起到示范性作用。

（六）情感性

数学课堂有效提问的情感性特征主要是指非认知方面，促进学生数学学习情感的发展。具体表现在提高学生注意力，激发学习兴趣，鼓励学生提问等方面。

（1）提高注意力。注意力是学生学习过程中的重要因素，学生在数学学习时，要长时间地集中注意力是不容易做到的，注意力的分散将直接影响学生的有效学习。在多数学生看来，课堂提问最主要的功能是可以促使其提高注意力。可见，教师通过有效提问，可以提高学生的注意力，并引导学生快速把注意指向投向数学学习中一些重要的方面，使其能更好地理解问题，抓住问题的本质。

（2）激发兴趣。兴趣是学习最好的老师，学生一旦对所学内容有了兴趣，其学习就有了内驱力，才有可能主动地学习。数学课堂有效提问通过创设问题情境、揭示教材的背景知识、设置悬念等激发学生的兴趣点，引发学生对所学内容的好奇心，激发学生探求知识的欲望，进而使学生投入到积极的思考中。

（3）鼓励学生提问。有效提问不仅是教师自己能提出好的问题，还要鼓励学生提问，使学生能够质疑问难，具有良好的问题意识和提出问题的能力。鼓励学生提问，一方面体现在鼓励学生敢于提出自己的疑问，把学习过程中遇到的疑难、困惑、不理解的内容主动向教师或同学发问，通过提问来帮助其对问题有较为深刻的理解和思考；另一方面，我国学生的数学问题意识薄弱，提出数学问题的能力较低，教师在教学时，要通过运用元认知提示语、创设问题情境、教给学生提问方法等来引导学生提出数学问题，进而提高学生发现问题、探索问题的能力。

第三节　数学课堂有效提问的类型

有效的课堂提问作用广泛，不仅能保证学生掌握“双基”，而且对于学生养成良好的思维习惯方面也有积极作用，能让学生切实进入深度学习，具备定的创新意识和能力。教师在展开数学课堂教学过程中，应该选取不同类型的提问方式，促进课堂教学的效果更加有效。

一、悬念型的数学课堂提问

古希腊哲学家亚里士多德提出“思维自惊奇和疑问开始”。[1]为激活学生期待的心情，设置悬念性提问是一种积极手段。先“设悬”，即设置让学生感到出乎意料和不可思议的问题，引发学生的兴趣与思考；再“释悬”，即当学生进行充分的思考之后再予点破，使学生的期待心理得到满足，提高学习的幸福感，学生参与度高，学习活动积极。

（一）悬念型数学课堂提问实践案例

学习内容：人教版小学数学六年级下册“认识负数”。

教学目标：学生通过具体的生活情境初步认识负数，能够用负数表示一些日常生活中的问题，体验数学在生活中的应用。

知识点解析：学生已经认识了自然数、分数和小数，负数的学习是在认识这些数的基础上进行。日常生活中随时随处可以用到负数，丰富的生活经验会刺激学生的积极性。

设计依据：教师依据“负数”这一学习内容，精心设疑，制造悬念，把负数蒙上一层神秘的色彩，使学生处于一种“心求通而未达口欲言而未能”的不平衡状态，引起学生的探索欲望，促使其积极主动地参与学习。

课堂实录片段：

师：老师的侄子前阵子量身高被记录为 -2 厘米。可能吗？

（分析：问题抛出后，学生对身高是 -2 厘米感到不可思议，议论纷纷，探究欲望十足）

生 1：正常情况下是不会出现 -2 厘米的，所以我觉得应该是和谁比较了一下。

（分析：学生提出了假设）

师：那你觉着和谁做的比较呢，这里的“谁”具体指什么？

（分析：顺应学生的思路，继续追问“谁”，促使学生产生了不足感和更深的探究欲望）

生 1：应该是有一个标准，要不然 -2 怎么来的。

师：你刚才提到了“标准”，那你能联系实际说说是如何定义这个“标准”的呢？

（分析：让学生联系实际生活，对学生进行持续的悬念刺激，激发学生进一步的思考）

生 1：老师，我得考虑一下。

---

[1] 刘红梅．设置悬念，提高小学数学课堂教学有效性 [J]．启迪与智慧（教育），2013（02）．

生 2：我举个例子吧，比如我用 150 厘米作为标准，那 –2 厘米就说明比 150 厘米矮了 2 厘米，实际上是 148 厘米，我就是这么认为的。

师：你的理解很到位哦，确实如此！给大家一分钟的时间闭上眼睛好好想想。那你能自己制定一个标准，用正负数说说你自己的身高吗？

生 3：我以 140 厘米作为标准，我的身高是 +7 厘米。

生 4：我以 160 厘米作为标准，我的身高是 –3 厘米。

（二）分析悬念型数学课堂有效提问的效果

根据皮亚杰的认知发展阶段论，小学六年级的学生能对事件提出假设并进行解释，然后形成一个符合逻辑的假说。教师为激活学生期待的心情，鼓励学生对“–2 厘米”的合理存在提出假设，特意设置了“老师的侄子前阵子量身高被记录为 –2 厘米。可能吗？”这一悬念型的提问。通过提问，学生首先提出了“正常情况下是不会出现 –2 厘米的，所以我觉得应该是和谁比较了一下”这一假说，接着又想到了“标准”并进行了解释，不仅进一步地认识了负数，而且能用负数表示一些日常生活中的问题，在此基础上还能举一反三的应用，学生学习兴趣高涨，积极性高。

二、实验型的数学课堂提问

用实际动手操作来促进学生思维的拓展得到诸多教育家的认可。动手操作能够帮助学生更好地理解数学概念，在此基础上，学生还能通过亲身实践感受发现的快乐，体会成功的满足感。因此，在教学中设置实验型的提问，就是为了创造更多的机会让学生经历动手操作这一过程，实实在在地感受知识的来源，刺激大脑进行积极的思维活动，让学生的思维从模糊到清晰，从具体到抽象，提高学生应对问题及解决问题的能力。

（一）实验型数学课堂提问实践案例

学习内容：人教版小学数学三年级上册“长方形和正方形的周长”。

教学目标：学生经过一系列的学习活动，理解长方形、正方形周长的计算方法，掌握计算公式，并能实际应用。

知识点分析：学生已经掌握长方形和正方形的特征，并在本学期认识了周长，经过引导能够先进行度量，再计算图形周长。

设计依据：《义务教育数学课程标准（2011 版）》指出：学生应当有足够的时

间和空间经历观察、实验、猜想、计算、推理、验证等活动过程。[1]实验操作是能力的源泉，思维的起点。它能把抽象的东西具体化、形象化，让学生在实践的过程中逐步形成正确的心理活动，从而使知识内化。

课堂实录片段：

师：这两个长方形和正方形的周长哪个长一些？（引发猜想，激发探究欲望）

师：这么多的想法，你怎么证明自己的想法是正确的，有方法吗？（先独立思考，还有困惑的可同桌讨论研究）

师：你们几乎都想到了先测量再计算的方法，那大家就动手试试。

学生自主动手测量并计算

生1：9+9+9+9=36（厘米）。

生2：9×4=36（厘米）。

生3：9×2×2=36（厘米）。

生4：9×2+9×2=36（厘米）。

师：能说说你这样算的理由吗？

（学生汇报）

师：这么多方法啊，好厉害，那哪种更简便一些呢？

师：正方形的周长求出来了，那长方形的周长呢？

学生自主进行测量计算活动。（长方形的长8是厘米，宽是5厘米）

展示不同算法：

（1）8+5+8+5=26（厘米）；

（2）8×2=16（厘米），5×2=10（厘米），16+10=26（厘米）；

（3）8+5=13（厘米），13×2=26（厘米）。

师（小结）：你最喜欢用哪一种方法？为什么？

生5：我喜欢第一种。这种方法最好想，长方形的周长就是四条边的长度之和，都加起来就是。

生6：我喜欢第二种。分别算出把两条长和两条宽，再求它们的和。

生7：我喜欢第三种。先算相邻的长和宽的和，再乘以2即可。

（二）分析实验型数学课堂有效提问的效果

此部分知识教材的顺序是先求长方形的周长，再求正方形的周长，最后求不规则图形的周长。正方形周长的计算最简单，而且它又是特殊的长方形，本着由易到难的原则，先求正方形的周长，再求长方形的周长，最后求不规则图形的周长。

---

[1] 中华人民共和国教育部．义务教育数学课程标准（2011版）[M]. 北京：北京师范大学出版社，2012.

在这个教学过程中，教师不断展开实验型提问，使得学生参与度高，真真正正在“做数学”。这里对教学内容的呈现，由特殊到一般，认知活动由简单到复杂，学生在不断的操作过程中理解长方形、正方形周长的计算方法，掌握计算公式，并能实际应用，学生的思维逐渐从模糊到清晰，从具体到抽象。

三、开放型的数学课堂提问

开放型的提问是指教师在课堂上提出思考范围较大的问题，对回答的内容限制不严格，可以从不同层面给出不同的解释，给对方以充分自由发挥的余地。这样的提问比较宽松，不唐突，能拉近师生间的距离，学生心理上易于接受。这一类型的提问有利于师生的交流和课堂对话的开展，开拓学生的思维。

（一）开放型数学课堂提问实践案例

学习内容：人教版小学数学四年级下册“组合图形的面积”。

教学目标：学生根据提问，能多角度地进行思考，得出不同的解决问题的策略。

知识点分析：此部分知识是学生在学习了平行四边形、三角形以及梯形面积的基础上学习的，给出的组合图形通过切割或填补的方法可以转化成已经学过的图形进行求解，在教学时应鼓励学生采用多种不同的方法进行学习，开拓学生的思维。

设计依据：提问要具有开放性，具体来讲就是问题的设置和答案的组织具有很大的自由性和开放性。教师要针对某一问题开展多元化的提问，引导学生从不同的层面给出自己的解释并说明理由，提升学生的思维广度。

课堂实录片段：

师：你能用不同的方法求出该图形的面积吗？（见图 5-2）

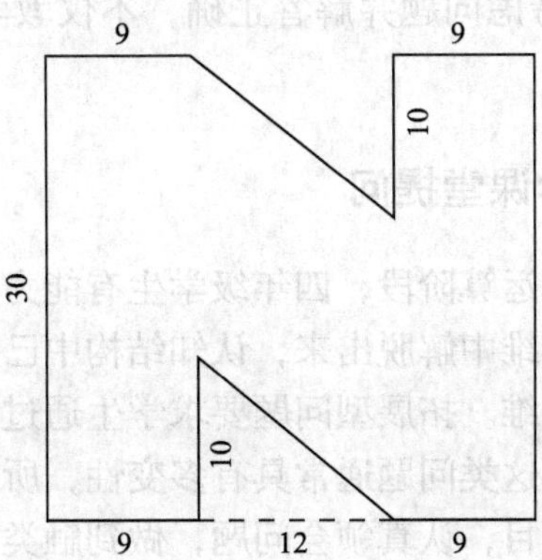

图 5-2 组合图形

生1：我用分割的办法，把这个不规则图形分割成中间一个平行四边形和左右两个完全一样的长方形，然后分别算出面积相加即可。

师：特想看看你是怎么分割的，能跟大家分享一下吗？

生1：上黑板进行分割。（从左往右依次分割为长方形、平行四边形、长方形）

师：这个方法很有见地，分成了我们已经学过的图形，可以吗？

师：谁还有不同的方法？直接上黑板演示就好。

（生2用了填补的方法）

师：大家看，这种方法可行吗？能跟大家说说你是怎么想的呢？

生2：我用的是填补的方法，把上下的两个小三角形补上，就成了一个大正方形，然后用大正方形的面积减去两个小三角形的面积之和即可。

师：很精彩，谢谢你。除了这两种方法，你还有别的方法吗？

生3：老师，我也用的分割法，就是会稍微麻烦一些。

师：没关系，试试看看。

生3：从上往下进行分割成五个图形，依次是梯形、小长方形、大长方、梯形、小长方形。

师：步骤虽然多了些，但是也是一种很不错的解题思路。

（二）分析开放型数学课堂有效提问的效果

这是一道开放性的问题，解决方法不止一种。所以在问题解决的开始教师就提出了“你能用不同的方法求出下面图形的面积吗”这一开放性的提问。学生回答采用分割法求解的时候，教师继续进行开放性的提问：“谁还有不同的方法？”此刻学生提出了采用了填补的方法进行求解。在共同分享了这两种方法以后，教师又继续进行了“除了这两种方法，你还有别的方法吗？”学生又想出了第三种解决办法。此案例中，教师通过不断地展开开放型提问，不断引导学生进行思考，多角度考虑问题并解答正确，不仅教学目标达成，而且学生的思维也得到了提升。

四、拓展型的数学课堂提问

皮亚杰认为：在具体运算阶段，四年级学生有能力查明事物的内部一致性或逻辑联系，能从表象性思维中解脱出来，认知结构中已经具有了抽象概念，能够借助具体事物进行逻辑思维。拓展型问题要求学生通过观察、分析、联想、推理等一系列活动得出结论。这类问题通常具有多变性，所给出的信息较为简洁和隐晦，需要学生借助具体题目，认真领会问题，做到触类旁通，挖掘问题内在的本质。此类问题在课堂提问中能引导学生做到举一反三，启发学生的发散性思维。

（一）拓展型数学课堂提问实践案例

学习内容：北师大版小学数学五年级下册“奇数和偶数”。

教学目标：学生通过学习能认识并判断奇数和偶数，了解奇偶性的规律；能应用数的奇偶性分析和解释生活中一些简单问题。

知识点分析：此部分知识是学生在学习了因数和倍数的基础上进行的，教材只要求学生理解奇数和偶数的分类依据，会判断一个数是奇数还是偶数即可，对于几个数相加得到的是什么数没做明确要求。

设计依据：开拓学生思维，将学生已有经验和心智相融合，主动构建学习，促进学生进行深度学习。

课堂实录片段：

师：请判断 2、5、8、14、19、22、59 这几个数是奇数还是偶数？

生 1：5、19、59 是奇数，2、8、14、22 是偶数。

生 1：偶数都是 2 的倍数，奇数不是 2 的倍数。

师：嗯！确实如此。猜想：如果两个偶数相加，得到的和是奇数还是偶数？

生 2：我猜还是偶数，但我不知道为什么。

师：要不我们大家就来验证一下你的猜想，好吗？

（小组讨论）

师：怎么样，有想法了吗？

（几个学生回答是偶数，但是猜的，没想出理由）

生 3：我举了几个例子试了试，比如 2+2=4、6+8=14、8+10=18，这里 4、14、18 都是偶数，所以我觉得偶数加偶数还是偶数。

师：通过一些举例，确实是这样，但是怎么来进一步验证呢？

生 4：老师，我是这么想的，因为偶数都是 2 的倍数，可以认为每一个偶数都包含着整数个“2”，两个偶数相加后也是包含着整数个“2”，最终还是 2 的倍数，所以偶数加偶数一定是偶数。（其他学生恍然大悟）

师：你真是个小小数学家！了不起！

生 5：老师，那奇数加偶数是什么数？还有奇数加奇数又是什么数呢？

师：对呀，又是什么数呢？小组开始研究吧。

生 6：奇数加偶数一定是奇数。因为刚才说了偶数都包含着整数个“2”，而奇数包含着整数个“2”还余 1，那么奇数和偶数相加的结果就包含着整数个“2”还余 1，所以奇数加偶数一定是奇数。

生 7：奇数包含着整数个“2”还余 1，所以两个奇数相加包含着整数个“2”，每个奇数都余的那个“1”相加后是 2，所以最终的结果还是包含着整数个“2”，结果是偶数。

（二）分析拓展型数学课堂有效提问的效果

在这个教学片段中，教师从比较简单的判断奇偶数入手，学生认识并能正确地判断奇数和偶数，接着进行了拓展追问“如果两个偶数相加，得到的和是奇数还是偶数？”引导学生进行思考。学生借助具体题目，通过观察、分析、联想、推理等一系列活动得出“两个偶数相加一定是偶数”这一结论。在得到这一结论后，学生触类旁通，查明了奇数和偶数内部的逻辑性，接着提出了“两个奇数相加是奇数还是偶数呢”等问题并进行了研究得出自己的结论，挖掘出了问题内在的本质。此类问题在课堂提问中能引导学生做到举一反三，进行深度学习，启发了学生的发散性思维。

五、批判型的数学课堂提问

老子曰：“知人者智，自知者明。”就是说：一个人思维活动的水平很大程度上由自我意识监控所表现出来的批判性来体现，批判性的提问能够引导学习过程的方方面面进行严密的、有自我反省意识的优劣与是非的评判。国际公认的批判性思维权威、美国“批判性思维国家高层理事会”主席理查德·保罗指出：“只有提出问题，思维才能得以开展。没有问题（被提出）等同于不理解（获得），表面的问题等同于肤浅的理解，不清楚的问题等同于含糊的理解。”[1]因此设置批判性的问题对于培养学生的批判性思维，提高逻辑语言表达能力有着至关重要的作用。

（一）批判型数学课堂提问实践案例

学习内容：人教版小学数学五年级下册《因数和倍数》。

教学目标：质数和合数的概念，知道它们的联系和区别，能正确判断一个数是质数还是合数。

知识点分析：此部分知识是在学习了因数和倍数以及能被 2、3、5 整除的数的特征的基础上进行教学的。是求最大最小公倍数以约分、通分的基础。

设计依据：将批判性思维渗透到教师提问语的设计中，一定会增强课堂思维的力度，让提问不再绵软、不再苍白，不再是无效或低效的。批判性的提问能够引导学生对学习过程的方方面面进行严密的、有自我反省意识的优劣与是非的评判。

课堂实录片段：

[1] 理查德·保罗、琳达·埃尔德著，侯玉波等译．批判性思维工具 [M]. 北京：机械工业出版社，2015.

师：请判断"两个不同质数的乘积一定是合数"这句话对吗？

生1：我觉得是错误的，因为这句话说得太绝对了，一般太绝对的说法都不成立。

师：你从这个角度来考虑，那大家认同他的理由吗？为什么？

生2：我不认同！我觉得这么考虑问题太轻率！不应该从这个角度看问题，应该从这道题的本身来研究。

师：那你怎么考虑的？

生2：首先从这句话就很容易知道，这两个不同的质数已经是乘积的两个因数了，而乘积又含有1和它本身两个因数，所以最终的乘积是有4个因数的。我们又知道，合数至少有3个因数，因此，得到的乘积一定是合数。

生1：确实如此，经过你的分析，我明白了，谢谢你，以后考虑问题我不会这么轻率了。

师：谢谢你们，给大家这么精彩的回答。

（二）分析批判型数学课堂有效提问的效果

此教学片段中，对学生的回答没有急于指出学生的不合理之处，而是站在学生思维独特性的角度，提出批判性的提问，引导学生针对不合理的解释做出批判性的解答，不仅尊重第一位同学的回答，给予了他重新思考的机会，也为全班同学进行逻辑表达树立了良好的榜样，同时发展了学生的逻辑思维能力，增强课堂思维的力度。

第四节　数学课堂提问的有效评价

数学课堂提问中，教师对学生回答的分析和评价是给学生回答的一个反馈，只有有效地反馈，才能促成教师与学生之间真正的对话和交流。这也是课堂提问另外一个重要意义所在。

一、评价存在的问题

对于学生的回答，教师应该给予恰当的评价。从对学生的调查发现，有84.1%的学生希望当自己回答不完整或出现错误时老师能指出错误的原因，或对其回答进一步地反问或追问。但在实际的提问中，教师对学生的评价却常常表现出形式化、简单化、程式化的倾向。

（一）形式化

形式化的评价就是教师对于学生的回答，不进行具体和深入的分析，只是作出笼统的简单表扬，甚至只满足于一种热烈的课堂气氛。

形式化的第一种表现是只有表扬，没有对回答的评价。新课程实施以来，由于强调了对学生评价的激励和赞扬，于是在一些课堂上（小学更为常见），出现了很多这样的情景：当学生回答问题后，教师为了表示对这位学生的赞赏，便带领其他学生鼓掌并齐声喊："棒！棒！你真棒！""行！行！你真行！"有的还辅助向这位同学翘大拇指。

不知道学生听到这样的夸奖会有什么感受，如果最初听到一两次，内心可能真是感到喜悦和自豪，能起到一些激励作用。但如果很多学生经常听到这样的齐声赞扬和老师的夸奖，他们也渐渐会对此失去兴趣，甚或感到厌烦。

真正有效的补充和"赏识"至少应该是真实而真诚的。教师不要使用程序化的、毫无意义的反应，应该尽力澄清、综合处理、扩展、修改、提升和评价学生的回答。教师在关注通过评价激励学生的同时，常常忽视了对学生回答或数学问题解决本身的关注，更缺少细节深入的讲评，这样的评价，反馈给学生有价值的信息将是很少的。

（二）简单化

简单化就是尽管教师对学生的回答作了评价，但只给出简单的对错判断，而很少作进一步的分析和解释最常见的是，教师如果听到学生回答对了，就说"好""很好""你回答的真好""好极了"等。如果学生回答错了，直接是"错""不对""你请坐""再思考"等。还有一些教师在听到学生回答有误时立即打断。有的看似教师对学生的回答说了很多，仔细分析，却只是在简单重复学生的回答。这种简单化的理答方式，使学生对自己"好"，好在什么地方？"错"，错在哪里并不十分清楚，对促进学生有效学习不利。

为了进一步了解学生和教师对这一问题的看法，分别对学生和教师作了调查，统计结果见表 5-2 和表 5-3。

表 5-2　教师对自己在学生回答问题后反应情况的看法

项　目	人数 / 人	百分比 /%	有效百分比 /%	累积百分比 /%
只给出简单的判断：对或错	5	2.8	2.8	2.8
只给出简单的评价：很好或你真笨	5	2.8	2.8	5.6
答对了给予表扬，答错了分析错误原因	122	68.5	68.5	74.2

续表 5-2

项 目	人数 / 人	百分比 /%	有效百分比 /%	累积百分比 /%
不予评价，叫其他同学重新回答	7	3.9	3.9	78.1
对学生的回答进行反问或追问	18	10.1	10.0	88.2
叫其他同学来判断前面同学的回答	21	11.8	11.8	100.0
合 计	178	100.0	100.0	

表 5-3 学生对教师在学生回答完问题后反应情况的看法

项 目	人数 / 人	百分比 /%	有效百分比 /%	累积百分比 /%
只给出简单的判断：对或错	25	10.2	10.2	10.2
只给出简单的评价：很好或你真笨	13	5.3	5.3	15.5
答对了给予表扬，答错了分析错误原因	121	49.2	49.4	64.9
不予评价，叫其他同学重新回答	38	15.4	15.5	80.4
对学生的回答进行反问或追问	29	11.8	92.2	
叫其他同学来判断前面同学的回答	19	7.7	7.8	100.00
合 计	245	99.6	100.0	
缺失值	1	0.4		
总 计	246	100.0		

从上面的统计数据可以看出，如果把“只给出简单判断”“只给出简单评价”和“不予评价”3 项加起来学生共占到了 31%，而教师只占到 9.5%。也就是说，如果从学生来看，教师对回答评价的简单化问题是比较突出的，与学生相比，教师的看法却不尽然。看来，很多教师还没有意识到自己对学生回答评价比较简单化这一问题。

（三）程式化

程式化就是教师对学生的回答，基本上是一个模式的评价方式，不能根据具体情况灵活处理。比较突出的表现是重预设，轻生成，根据教师的需要有选择性给予评价。如果学生的回答与自己想法完全一致，或完全正确便偏爱有加，加以重点讲述。对那些错误的回答或与自己的“教”无关的内容不予理睬或轻描淡写。这种程式化的处理方式，时间久了会让学生感到老师对待学生的不公平，更重要的教师忽视了学生回答的差异或错误在数学生成教学中的价值。

二、有效评价

（一）激励性原则与有效表扬

在心理学上，有一种现象被称为“罗森塔尔效应”。说的是如果教师对学生抱以希望，经过一段时间以后学生常常会如教师所期望的那样取得进步。“罗森塔尔效应”告诉我们，如果教师期望他的学生不断进步，那么，在对待学生回答时，就要对他们抱以希望，掌握激励性原则。

如果说激励的确很重要的话，那有一点需要澄清，激励并不意味着对学生回答准确与否于不顾，滥加表扬。有研究表明：教师对于学生的表扬，并非都利于学生学习。一般来说，被表扬行为越具体，效果越好；对依赖性强、易焦虑学生的表扬效果好于对自信学生的表扬效果。只有有效的表扬才能对学生起到激励作用，并促进学生的学习。可见，并不是所有表扬都对促进学生的发展有利。什么样的表扬才是有效的呢？下面是有效表扬和无效表扬的比较（见表5-4）。

表5-4 无效表扬与有效表扬的比较

序号	有效表扬	无效表扬
1	依具体情况给予表扬	很少或无规则地给予表扬
2	表扬学生工作的特定方面	表扬学生一般化的积极反应
3	注重学生成就，并依成就不同有变化	不注重学生表现，表扬缺少变化
4	只奖励特定行为表现标准（包括努力的达成）	只鼓励参与，而不考虑行为结果
5	告诉学生他们的能力和他们的成就的价值信息	告诉学生任何信息或只告诉他们在班内的位置
6	引导学生正确评价自己与学习活动有关的行为，多考虑如何解决问题	引导学生与别人比较，更多地考虑竞争
7	以学生自己原有的成绩为背景描述他现在的成绩	以学生同伴的成绩为背景描述他现在的成绩
8	学生在完成困难的学习任务时，付出很大努力或取得成功则给予表扬	不考虑学生是否付出努力或取得成绩而给予表扬
9	把成功归因于努力和能力，暗示将来仍有希望取得类似成功	把成功只归因于能力或运气、学习任务容易等外部因素
10	鼓励内源性归因（学生认为他们是因为喜欢学习或想提高与学习任务而有关的技能才付出努力的）	鼓励外源性归因（学生认为他们是由于外部——取悦教师、在竞争中获胜赢得奖赏等才付出努力的）
11	把学生注意集中在与自己的学习任务有关的行为上	把学生的注意集中在控制他们并作为他们外部权威人物的教师身上
12	鼓励教学过程之后与学习任务有关的行为	介入进行中的教学过程，使学生不能专心于与学习任务有关的行为

由此看来，在数学课堂提问中，对学生那种形式化、简单化、程式化的表扬并不一定都能对学生起到激励作用，有些甚至会出现负面效果。在实际提问中，教师应该根据学生实际回答的情况，尽可能给学生作出具体的、适当的有效表扬。

（二）有效指导

教师不能因为要激励学生而忽视或迁就学生回答中出现的不完整或错误，而应该是在保护学生自尊心的前提下，给学生以有效指导。波利亚曾告诫教师，“亲爱的教师，请不要说‘你是错的’。假如可能，就换一句话‘你是对的，但是……’”他说：“一个学生作了一个长计算，写了好几行。一看末行结果，便知道计算是错的，但我却抑制住不说。我喜欢与学生一起，一行接一行地查看：‘你一开头做得很对，你的第一行是对的，你的第二行也是对的，你做了这个那个。现在关于这一行，你是怎么想的？’假如错是由学生自己发现的，他就可以学到点什么。假如，我当时立即说‘这是错的’，学生也许会产生反感，这样我下面的话他就听不进去了。假如我经常说‘这是错的’，这个学生将会恨我，也恨数学，这样就他个人来讲，我的一切努力都将付诸东流。”[1]

应该说，在如何才能保护学生自尊心，给其适当激励，并进行有效指导方面，波利亚以其切身体会说出了要注意的问题。首先，教师要对学生的回答作客观分析，并能对学生思维结果的正确与否做出明确表态。其次，要进一步指导学生分析其思维过程，最好让学生自己能发现或找到出现错误的原因。最后，尽管错误最好是由学生自己发现，但当学生经过努力还是不能找出自己错误所在时，教师要明确指出来，并给出正确的方法和结论。

（三）多维度评价

学生回答问题时，其反映出的问题是多方面的，有对问题思考的结果，有对问题的分析思路，有语言的表述等等。教师在评价时，除了关注学生回答的结果外，还要对其他方面给予关注，把值得肯定的方面说出来，进行有效的激励或表扬。具体而言，可以从以下几个维度去评价。

（1）表述的清晰性与准确性。课堂提问可以锻炼学生语言表达和与人交往的能力，学生对问题的回答实质是自己思维结果的表达。积极思考问题是一个方面，能否把自己的想法、思考的结果清晰而准确地向别人表述出来，是另一个重要方面。这是学生可持续发展的一种重要能力。因此，教师在评价学生回答时要对学生的表述有所关注。

---

[1] ［美］G·波利亚著，刘景麟等译．数学的发现（第二卷）[M]．呼和浩特：内蒙古人民教育出版社，1981.

首先，清晰性。从学生回答问题的清晰程度，可以看出学生对问题的思考深度。这里面包括回答时声音的大小、语速的快慢、思路的条理性等。总之，回答要能让听的人理解你所要表达的意思。

其次，准确性。数学问题的表述与一般问题的表述不同，在这个过程中需要运用各种数学语言。教师通过学生的回答，可以判断学生对数学语言的理解和运用情况。如果发现表述上存在不准确的地方，要分清是口误还是实质性的错误。如果是对某个数学名词或数学符号理解不到位，出现了错误，那就要及时给予纠正。如果很好地运用了数学语言，并简洁清楚地回答了问题，那就要给予表扬。

（2）思维的深刻性与独特性。思维的深刻性与独特性是数学思维的重要品质。如果学生在回答时表现出了这些思维品质，要给予及时的激励和表扬，而不应过于淡化处理。

思维的深刻性是指思维活动的抽象程度和逻辑水平。主要表现为学生在数学学习过程中善于使用概括，理解透彻深刻，推理严密，逻辑性强，并能解决难度较大的问题。在思考数学问题时，能够抓住问题的本质和规律深入细致地加以分析和解决，而不被一些表面现象所迷惑。[1]如同样是通过证明三角形全等来得到两条线段相等，思维深刻的学生可能直接得出了需要的一组相等的对应边，而不深刻的可能写出了所有相等的对应边甚至对应角。尽管最后可能都解决了问题，但前者更能快速抓住问题的本质和关键，思维要更深刻一些。

思维的独特性是思维活动的创新程度。它表现为思考问题和解决问题时的方式或结果的新颖、独特，别出心裁。一般而言，学生因为个性差异，思维方式存在差异——有些思维跳跃性大，有些按部就班。在思考问题时，可能大多数学生都按照某一种思考方式去进行，有个别学生能从另外的视角来考虑问题，表现出思维方式的独特性，方法上的创新性。对于这样的回答，教师应对其作出详细分析，使其他学生能看到其思考的独特性在什么地方，是如何较好地解决了问题，自己的思考与他的差异在什么地方，从而使学生在自我反思中优化思维。

（四）利用生成性教学资源

有效数学教学既要考虑到其预设性的一面，也要考虑到生成性的一面。从教师对学生的回答评价，可以看出教师是否有数学生成教学的观念。有效地生成教学离不开教师对生成性教学资源的充分利用。在数学教学中，生成性教学资源主要有三类：问题型资源、错误型资源和差异型资源。学生回答问题过程中，出现错误以及一些“非常规”的回答，都可以看作是生成性教学资源。关键看教师是否善于利用这些资源。

---

[1] 任樟辉．数学思维论 [M]．南宁：广西教育出版社，1990．

首先，要充分意识到生成性教学资源的价值。生成性资源是在学生知识建构过程中产生，并能进一步推动知识意义有效生成的“动力资源”。由于这类资源真正源于个体的认知需要，因而在教学中就更显得弥足珍贵和富有价值。调查发现，教师在处理这些“非常规”回答时，有55.6%的教师选择当堂与学生一起分析，30.9%的教师选择留下节课再解答，还有13.5%的教师选择把问题转交给其他学生。总体来看，教师对于这些生成性资源在教学中的价值认识不足，不能在学生回答的基础上积极生成教学。数学课堂提问中，学生出现与自己预想不一致或者有错误的回答是很正常的，教师不应该刻意地回避，也不应生硬地向自己预想的结果牵引，而应该是因势利导，以此为契机，展开富有成效的生成性教学。

其次，要对生成性教学资源进行再加工生成性教学对教师的各方面素养提出了较高要求，如果教师没有深厚的数学功底和很好驾驭课堂的能力，就有可能随时被学生的回答置于困境。另外，对于学生回答出现的差异以及错误，还应具体对待，如果有可能，教师要对其进行再加工。如归纳整理出学生回答时普遍出现的问题，或典型问题来生成教学。对于一些比较雷同，或因为对问题理解不准确以及由非数学本质导致的回答，可以相对淡化处理，没必要继续“生成”。

第六章　数学课堂有效提问的策略

实现数学课堂有效提问，需要一定的策略与方法。提问是语言的艺术，数学语言有其独有的特点，能很好地表述问题是有效提问的开端。有效的提问方法应该能促进学生对数学的理解和数学思维的发展，这些问题的回答都离不开对数学学科特殊特征的把握。本章从多个维度对课堂提问的策略进行分析。

第一节　提问主体维度的策略分析

一、加强课堂提问的观念

（一）充分利用互联网资源，提高课堂提问认知

现代信息技术在教育中应用得十分广泛，作为新时代的教师，应充分利用互联网资源。首先收藏中国教育部、中国教育报主页，每天到这些网站上查阅最新的教育新闻、了解整个教育最新的动态，然后到有关网站上了解数学学科的教育改革动态、课程形式、教育模式等方面，永远保持教育观念的正确性和先进性。其次，可以登录“一师一优课，一课一名师”网站，观摩名师的优质课程。“优课”中包含面广，涉及各个阶段各门课程的不同版本，教师可以从中参考和借鉴关于课前准备、课中实施、课后评价、课后反思等各个方面的内容，从而提高对课堂提问的认知。

（二）加强理论知识的学习，提高自身素质

夯实的教育理论知识和专业基础知识是教师所应该具备的技能。教育理论知识的欠缺使教师对于课堂提问缺乏深层次的理解；不够扎实的专业基础知识会导致教师对教材的解读、教材内容、教学重难点的把握以及教学方法的选择产生偏差，从而影响课堂提问的质量。因此，教师可以采用多种方法、多种渠道进行理论知识的学习，提高自身素质。比如：通过查阅有关课堂提问的书籍、订阅教育有关的期刊、与专业教授交流探讨等方法来提高教育理论知识：提高专业基础知识可以通过购买小学数学练习册的方式，做相应的数学题来发现对应的知识点，

总结每一阶段的重难点，思考如何将这些问题引入到课堂中，完善自己的数学专业知识，提高课堂提问技能与自身素质。

二、对课堂提问做好充分的准备

（一）抓住教材内容，重视教学目标

教学目标的确定主要来源于两个渠道，一是课程标准：二是来教材；课程标准可以确定教学目标的大方向，而教材是确定本节课教学目标的主要来源，所以要读懂教材。

首先要小学数学教师要对教材内容中的知识点有整体的把握。以北师大版探究“多边形的面积”为例，北师大版五年级上册教材编排见图 6-1。

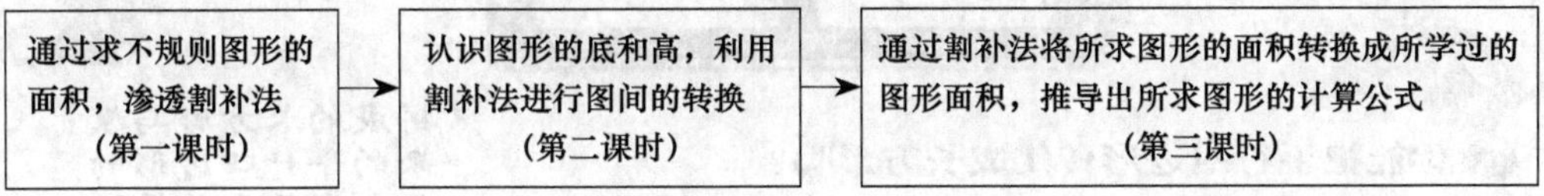

图 6-1　多边形面积课程课时编排

从本单元的角度来看，第二课时的基础是第一课时的内容，同时第二课时又是第三课时的基础，是承上启下的一节课。跳出本单元，从整个小学阶段来看，此内容安排是按照小学生的认知发展层层递进式的进行编排，见图 6-2。

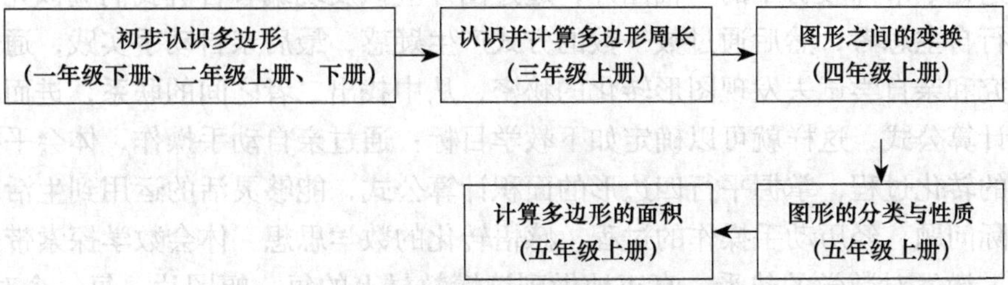

图 6-2　多变性面积课程认知层次编排

作为一名小学数学教师来说，不能只关注本节课的教材内容，应该走出本节课的教材内容，从知识体系的角度，了解所学知识点在不同年级的安排，从整体上把握知识点之间的联系，这样就可以在本课结尾处设计这样的思考问题来沟通知识间的联系：如何求平行四边形的周长？如何求平行四边形的面积？如何求三角形的周长？如何求三角形的面积？如何求梯形的周长？如何求梯形的面积？这

样既考察了所学的新知识的掌握情况，同时也是对旧知识的一个巩固，二者放一起对比，防止学生混淆。

其次要深入解读教材。做到真正读懂教材呈现的每一个处的含义，抓住教学目标。以北师大版探究“平行四边形面积”为例，见图 6-3。

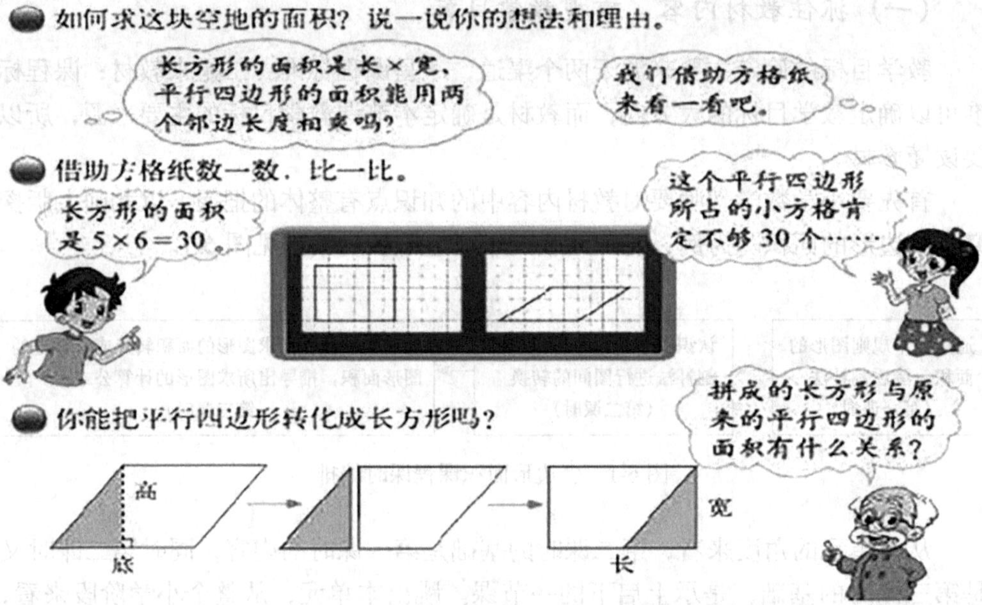

图 6-3　平行四边形面积教学示例

这是本节课教材中的一幅图片，通过图片应该发现编者告诉我们应该先让学生进行自主思考，然后通过数一数的方式产生疑惑，最后亲自动手实践，通过自主探究和亲自尝试去发现图形转化的秘密，从中找出二者之间的联系，进而推导出其计算公式，这样就可以确定如下教学目标：通过亲自动手操作，体会平行四边形的转化过程，掌握平行四边形的面积计算公式，能够灵活的运用到生活中解决实际问题，经历动手操作的过程，感悟转化的数学思想，体会数学探索带来的乐趣，激发对数学的热爱。真正地做到读懂教材上的每一幅图片、每一个对话、每一行文字，甚至每一个标点符号。由此确定教学目标，然后根据教学目标设计教学问题。

（二）准确了解学情，设计针对性问题

这里的学情主要包括学生之前知识的掌握情况、是否具备学习新知识的基础与能力、学生喜欢的方式是什么、学生的学习困难有哪些等方面。例如在探究《平行四边形的面积》这一课中，学生之前已经掌握了长方形、正方形的面积公式认

识了平行四边形的底和高，所以在探究平行四边形面积之前，教师可以利用自习课时间通过小测试的方式来确认一下学生的实际掌握情况，具体见表 6-1。

表 6-1 教师对平行四边形面积的小测试

1.（1）长方形的面积＝（ ）	2.（1）下图是（ ）形
（2）长方形面积为（ ） 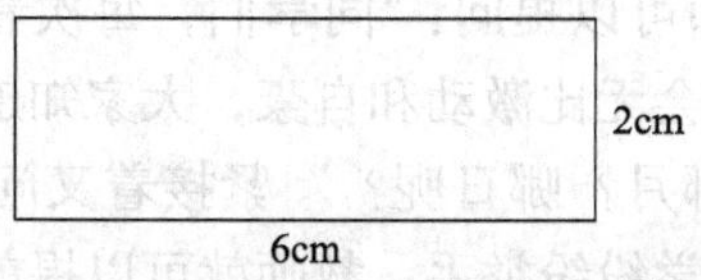 	（2）括号内填上合适名称 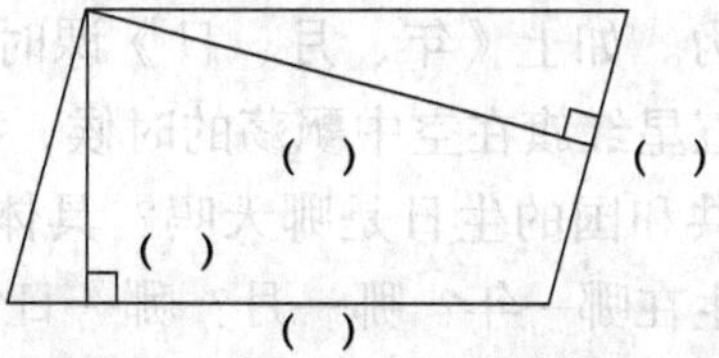

然后教师可以采用以表 6-2 的方式进行数据统计，清晰明了地看出本班学生的真实情况。

表 6-2 班级学生作答具体情况

学生情况分类	人 数	备 注
全部写对		
全写出来但有小问题（单位名称遗忘等）		
写出大部分		
写出少部分		

若全班同学对以上内容掌握得较差，教师则应该在探究平行四边形的面积时，有针对性地设计 2~4 个问题来复习有关于长方形面积，平行四边形的底和高等知识点，例如：同学们，我们之前认识了长方形，也学习了长方形的面积，大家还记得怎么求长方形的面积吗？上节课我们认识了新朋友——平行四边形你能帮老师找出他的底和高吗？你是怎样确定它的高的？平行四边形有多少条高？设计这样的几个问题，有利于学生对于本节课知识的学习。若全班对于以上内容掌握得较好，那么教师在上《平行四边形的面积》这节课时，就可以有针对性地设计 1~2 个简单的关于长方形面积、平行四边形的底、高的问题，不用花费大量时间去复习此处知识点，提高提问质量，提高课堂效率。

（三）问题设计联系生活，仔细斟酌提问用词与句法

数学来源于生活并应用于生活，数学和我们的日常息息相关，所以教师在设计问题时，可以把问题融入实际生活中的场景中去，但注意选取的问题一定要符

合学生的生活环境，年龄特征以及学生的知识基础。例如：在学习《方向与位置》这一单元内容时，教师可以设计一个学生在生活中常玩的一个场景——“寻宝游戏”。学生将“宝藏”藏在任意一个书桌内，老师来找，学生在此期间可以提供宝藏位置信息，这间接的就是在要求学生说出“第几组第几排”，小组间可以进行比赛，教师提问胜者为什么能快速地找到？再次强调“第几组、第几排”这个问题设计来源于小学生的生活，激发了小学生的探索欲望进而提高他们解决问题的能力。如上《年、月、日》课时，首先教师可以提问：“同学们，每次看到鲜艳的五星红旗在空中飘荡的时候，我们心中都会无比激动和自豪，大家知道中华人民共和国的生日是哪天吗？具体是哪年？哪月？哪日呢？”紧接着又问：“你们出生在哪一年？哪一月？哪一日？”此时同学纷纷举手，教师就可以提前祝同学生日快乐，这不仅拉近了教师与学生的距离，而且很自然地引出了本节课的教学内容，学生对于下面的学习内容做好了良好的心理准备，让学生感受到知识就在他们身边。

我们在设计问题时要仔细地选择措词，所选的用词要遵循符合小学生的年龄、认知水平、文化背景的原则，然后将问题转化为口头的表达方式，利于小学生理解。同时，句法对于一个问题是否清晰起着关键的作用，句法涉及句子的结构，一个问题的主谓是否一致，主干是否完整，是否只针对一个问题，这都是需要我们在设计问题时所要注意的，例如：在《位置与方向》这节课中，教师提出这样一个问题“哪位同学可以告诉大家，我们班的体委坐在班级教室中的什么位置，学委呢？”首先可以看出问题表述太长，注意力集中的同学知道该回答哪个，注意力不集中的同学很可能就将“回答学委的位置”这个问题给忘了；其次，问题不完整，会造成误解，不知道问“学委”什么？所以当我们构思出问题后，不要急于进行下一环节，要将设计的问题读两到三次，看看问题要表达的意思是否清晰，或将问题写下来也是用来检验设计问题的用词、句法是否正确的好方法。

三、准确把握课堂提问的实施

（一）明确提问目的，确定提问顺序

著名学者 Gall 关于教师提问曾强调，提问顺序有助于人类了解有效提问。在教师的专业发展中，教师提问技能的提高与学生回答问题的质量，提问顺序比提问方法更加有效，而提问顺序的确定，需要教师确定自己提问的目的，这就意味着教师在创制该问题的时候，要学会先问自己：“我提问这个问题的目的是什么？”首先要抓住核心问题，所有的提出的问题都要围绕着核心问题，为核心问题的提出做铺垫，其次问题的顺序要有层次感，从深到浅、从易到难，使学生的

思考逐渐深入。

某教师在“三角形的认识”课堂提问中的精彩片段节选。

师：同学们，我们今天学习最基本的但又非常重要的“三角形的认识”，三角形你见过吗？

师：这有好多的平面图形啊！你们能从中找出三角形吗？（PPT 出示各种图形）

师：哪些是三角形？哪些不是三角形呢？

生 1：我认为图①②③是三角形，剩下的都不是三角形。

生 2：我认为④是四边形，⑤有条边是曲线，⑥有两个角不是三个角，⑦是长方形，⑧图形不是封闭的。

师：同学们观察得真仔细，那通过对比你能看出三角形的特征有哪些吗？

生 3：三角形有三个顶点、三条角、三个边，由三条直线构成，是个封闭的图形。

师：谁能总结一下，什么样的图形能称作三角形？

生 4：有三条边、三个角、三个顶点，并且每条边都是直的封闭图形叫作三角形。

在上述案例中，教师提出了三个问题：“哪些是三角形？”“三角形有哪些特征？”“什么样的图形是三角形？”这三个问题其实都是围绕着一个核心问题，也就是本节课的重点：三角形的认识。而且这三个问题具有层次感，由浅到深，由易到难，后一个问题都是在解决前一个问题的基础上进一步探究总结。

问题一是让学生观察图片，找出“哪些是三角形？哪些不是三角形？”目的是让学生利用肉眼去体会三角形的特征：问题二是在找出问题一答案的基础上，通过结合图形尝试说出三角形的特征，在此过程中教师可以进行语言的引导，目的是让学生能够将眼嘴结合的方式表达出三角形的特征，体现了由形象到抽象的转化过程：问题三的提出，则是让学生彻底抽象化的描述三角形特征。通过连续的三个问题，间接地解决了本节课的核心问题。

（二）转换提问方式，把握提问时机

学生必须掌握时，教师把握重点的提问。所谓的重点就是指本节课学生需要理解、掌握的知识，有利于学生知识的学习、思维的锻炼。教师可以通过以下途径：一是在课前通过问题的方式，给予学生预习下节课重点内容的方向；二是在课堂练习中对重点知识提出问题进行引导，结合知识点进行提问，合理利用问题强化学生知识点的巩固与练习；三是一堂课完毕后，学生进行总计复述时，教师在知识重点处提出问题，给予学生思路的引导与提醒。

学生需要突破时，教师针对难点的提问。所谓的难点就是学生在学习这部分知识时容易产生疑惑的、产生误解的、不易理解的但又需要攻破的地方，可以促进学生思维发展的。如果在此阶段，教师可以进行高效能的课堂提问可以有助于学生解决这个羁绊，提高课堂的效率。在实际教学中，教师可以采用“探究式提问、提示性提问、层递式提问、迂回式提问”等方式解决难点。

例如，在小学数学“两位数减一位数的退位减法”这一课中，核心问题为“借一当十”。当学生用小棒解决问题时，教师可以用提示性问题来引导学生汇报：

师：你是怎么解决的？

师：为什么要这么做呢？

在帮助学生理解算理时，教师要设计层递式提问：

师：为什么要拆一捆小棒？一捆小棒表示什么？

师：当一捆小棒拆完表示什么？

通过这种层层递进的提问，让学生体会“一个十”变为“十个一”的过程。除此之外，教师还可以继续采用探究式提问：“小组进行讨论，看哪个小组还能想出其他方法解决这个问题？”当学生汇报利用计数器解决问题时，教师可以再通过迂回式提问，明确退位减法的算理，顺势总结要是遇到不够减的时候，就要把一个十变成十个一，这个过程叫作“借一当十”。如此采用不同的提问方式，既能引导学生的思考，又能有助于学生对于难点的突破。

学生已经熟知时，抓住联结的提问。在学生已经掌握的知识的基础上，要扩展知识的宽度，通过设计适当的问题，将所学知识与旧知识相联结，或者与其他学科知识相联结或与生活实际相联结等：这些都有助于开拓学生的思维、丰富学生的生活。另外在进行新课教学时，可以运用问题将旧知识进行转化，在此基础上理解新问题。

例如小学数学“比的基本性质”这一课中，教师在组织学生观察 $8:6=8\div 6=\frac{8}{6}=\frac{3}{2}$ 时，可以设计如下提问：

师：比的前项、被除数、分子三者之间的关系是什么？

生：相等的关系。

师：比的后项、除数、分母三者之间的关系是什么？

生：相等的关系。

师：比值、商、分数值三者之间的关系是什么？

生：也相等。

师：比号、除号、分数线三者之间的关系是什么？

生：用处相同。

师：分数和除法的基本性质是什么？

生：除法的结果可以用分数表示。

师：由此推断，比的基本性质是什么？

这样就将旧知识完美的迁移到新知识中，通过分析对比掌握比的基本性质，既是对旧知识的巩固，也是对旧知识的拓展。

（三）根据提问目的，进行分层叫答

教师要根据提问的目的来选择回答问题的学生。如果问题是为了判断学生的理解程度，从举手的学生中选择回答问题的人，可以了解到学习比较好的学生对知识的掌握情况，提问一个基础较差的同学，可以判断是否所有的学生都准备好了下一步的学习；如果问题是具有针对性的，这要选择问题所针对的学生，比如提问在课上走神注意力不集中的同学，这样可以提醒他认真听讲；如果问题是为了促进学生思维，那么教师尽量让全体学生都参与进来，可以采用的方式有小组讨论、安排提问等，这样使学生知道无论举不举手，都有可能被问到并回答问题。此外，教师还可以将全班同学的每个人的名字写在每张小卡片上，然后在不告诉学生的前提下，自己了解各个学生的学习情况，将学生进行分层。当问到易理解、易回答的问题时，可以在成绩较差的卡片里，随机抽取一位同学进行回答；当问到有些难度的问题时，在中等成绩的卡片里抽取；当问到产生疑惑、不易理解的问题时，教师可以在成绩较好的卡片里随机抽取。这种方式学生会认为非常平等合理，既考虑到了小学生的认知层次、保护了小学生学习的自信心，同时也调动了小学生回答问题的热情，增加了课堂教学的趣味性。

（四）针对学生回答，选择理答方式

当学生回答完全正确时，如果教师提出的是低认知问题，那么教师可以肯定学生："回答正确"时，要追加具有针对性的评价，例如："回答得真完整""思路真清晰""表达得真流利"等，而非泛泛地给予肯定表扬。若教师提出的是高认知问题，那么教师应该在此基础上进一步进行提问，如"你是怎想的呢？""你是怎样得到这个结论的？"例如在小学数学"能被3整除的数特征"这一课节选片段中：教师在学生回答正确的基础上又提出了："你是依据什么猜想出这些数能被3整除呢？"这样学就会分享自己的思路，对没有想出来的同学来说，是一个学习的机会。

当学生回答部分正确（不完整）时，说明学生的认知水平比问题的认知水平要低，教师可以通过提出一个验证性的问题，给学生一个完善自己回答的机会，从而帮助学生在原有认知水平的基础上达到更高的认知水平。

在小学数学"质数与合数"这节课的节选片段中：

师：这些数字有哪些共同特征？

生1：我找的是这些数字都能同时被两个以上的数整除。

师：好的，你能给大家说一说他们都分别被谁整除了吗？

生1：4不仅能被1和4整除，还能被2整除：6不仅能被1和6整除，还能被2和3整除；8不仅能被1和8整除，还能被2和4整除；9不仅能被1和9整除，还能被3整除。

教师追加的这个验证性问题，让学生证明了自己的结论，完善了自己的回答，加深了对这道题的印象。

当学生回答错误时，教师应当理解学生回答问题时的紧张、焦虑的心理，给予恰当的反馈。如果教师提出的是低认知水平的问题，而学生的回答出现错误时，教师不能立即给予批评，首先要加以肯定，肯定他说得好的一面，然后进行否定可以说“你再好好想想，请坐”，若教师提出的是较难的高认知水平的问题，那么教师可以进一步地询问学生：“你是怎么得出这个答案的，可以和大家说说你的思路吗？”“你能告诉我，你这么说的原因吗？”等问题不要立即否决学生的回答，通过引导建立学生的自信，修正学生的思路，帮助学生思维达到更高的层次。

当学生没有回答或所答非所问时，教师如果提问的问题难度较低，那么教师可以给予一些关键词的提示，或者提示学生学习过的相关材料，结合该知识的场景等方式引导学生得出答案：如果提出的问题难度较高或内容较宽泛，那么教师可以利用“重新提问，突出问题重点的方式”来引导学生回答，首先要指出这个学生回答不准确的地方，然后再次叙述问题，在叙述过程中要突出重点。

在“人民币的认识”这一课的节选片段中：

小明的桌子上有很多人民币，看起来非常散乱，你能按照一定标准帮他整理起来吗？大家进行分类吧！

生1：我们小组是按照人民币的颜色进行整理分类的，红色的在一起、绿色的在一起……

生2：我们是按照人民币的大小进行整理分类的。

生3：我们将纸币放到了一起，硬币放到了一起……

此时的学生采用的方法多种多样，但是都没有联系到本节课的重点，所以这时就需要教师将问题重新聚焦，帮助学生找到问题的关键。

师：我们上节课学习了人民币的单位，大家还记得吗？大家能不能按照人民币的单位帮助小明重新整理分类呢？

教师将问题重新聚焦，把学生的思考范围引到人民币的单位上来，回到了本节课的重点内容。

四、多角度进行课堂提问反思

当下课铃声响起时并不意味着一节课的结束，反思对于小学数学教师来说尤为重要，课后及时的反思有助于教师进行数学教学的研究。在反思的过程中，不一定做到面面俱到但要做到心中有数，不要局限于一种方法从一种角度进行反思，往往从不同的角度，使用不同的反思方法，会得到意想不到的收获。

（一）及时主动进行自我反思

小学数学教师在进行自我反思时可以采用多种方法，例如质疑反思法。质疑是人类思想开始进步的象征，数学中的知识是在不断质疑中掌握，所以小学数学教师要在每一节课结束后这样问自己："这节课中我是否提出了符合小学生认知、考虑到学生层次、具有目的性等一些高效的问题，这些问题是否调动了小学生学习的积极性等？""在学生进行回答时，我是否给予恰当的反馈？""我运用了反馈来扩展学生的思考吗？"等，这样反问自己，质疑自己，在质疑反思中不断进步。还可以采用归纳反思法。小学数学教师在进行反思时，不能想到哪说到哪，毫无章法。针对小学数学课堂，教师可以将课堂进行分段总结：导入环节的提问、探究环节的提问、练习巩固环节的提问、归纳总结环节的提问；教师也可以自己根据数学课的教学目标、教学内容、教学过程、教学效果这几个方面进行归纳反思。只反思不实践，那反思相当于徒劳无功，所以行动反思法就是一个很好的选择。小学数学教师要在实践中进行持续的监控、评价、反思、修正、再实践自己的提问行为，如此的周而复始，在行动中逐渐进步，才能更好地发挥提问促进学生思维的发展，为学生的终身学习奠定基础。具体操作见图 6-4。

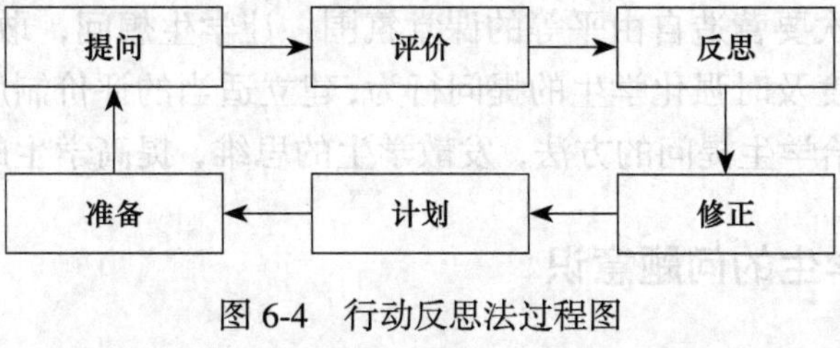

图 6-4　行动反思法过程图

（二）课后与学生及时进行有效沟通

小学数学教师在进行课堂教学时面对的主体是学生，提问的对象也是学生，所以小学数学教师可以使用换位反思法，在课后教师要走进学生中以平等的姿态去与学生深入交流、沟通，考察不同水平的学生对于知识的掌握程度，通过交流了解学生对自己在课上所提的问题、叫答方式、理答方式等方面技能的评价，例如：小学数学教师可以问学生“我在课上提出的问题，表述得清楚吗？”“你是否能听懂我所提出的问题？”“我提出的问题引发你思考了吗？”“我留给你的问题思考时间够用吗？”“你愿意老师提问你吗？”“为什么不愿意主动回答问题呢？”“我是否对你的回答进行了反馈？”等，总之小学数学教师要站在学生的角度从中进行总结反思。

（三）平时与同伴相互交流

一个人的力量是渺小的，一个人的反思是不够全面的。小学数学教师可以采用合作反思法，在同伴之间互帮互助，相互配合的进行课堂提问反思活动，这种同伴可以是同一学科的老师，也可以是同一年组的老师，往广泛了延伸，可以是同一兴趣组、问题组的成员之间相互指导评议的模式。通过相互间的交流，可以让自身的经验得以增长，及时发现自身不足并加以完善；同时还能吸取其他教师的教学经验，学到高效的教学方法，提高提问技能，进行深层次的关于课堂提问的观念、理念上的交流，加强彼此间的反思，促进双方的进步，实现互利共赢。

第二节　提问对象维度的策略分析

学生是发展中的个体，是学习的主体，具有不断发展的潜力。新课改中强调要发展学生的主性，改变以往的教师教知识，学生被动学知识的现象。引导学生积极主动发现问题，探究问题，解决问题，发展学生的问题意识，培养学生的创新意识。要想提高学生的课堂提问能力，首先要从思想方面入手，增强问题意识，帮助学生树立正确的课堂提问观；创设问题情境，引发认知冲突，让学生感受到提问的乐趣；再次要营造自由平等的课堂氛围，让学生想问，敢问；第三，教师要建立适当的制度及时强化学生的提问行为，建立适当的评价制度激励学生提问；第四，老师要教给学生提问的方法，发散学生的思维，提高学生的课堂提问能力。

一、增强学生的问题意识

（一）树立正确的课堂提问观

正如哈佛大学的名言所说的那样：“教育真正的目的就是让人不断地提出问题。”教学最基本的目的是促进人的全面和谐的发展，开发学生的思维力、想象力，使学生能够成为一个自由的个体。特别是像数学这样逻辑性较强的学科，学生的问题意识起着关键作用。考虑到学生不愿意提问，缺乏良好的提问目的、学生自身不重视提问的重要性等问题，教师需要增强学生的问题意识，帮助学生重新认识到提出问题是一种重要的学习策略，引导学生从观念上重视课堂提问的作用。

首先，教师自己需要树立正确的课堂提问观。第一，数学老师不应该把学生在课堂上的提问行为看成是上课不认真，学习能力差，破坏教学秩序、向教师权威挑战的显性表现，而应该是学生积极主动地想要更深入的了解，获得更多的知识，建构知识，善于思考，获得信息的行为，学生提出问题之前必先经过对知识进行一定程度的加工，加深对知识的理解，这需要学生对已有知识进行反思，才能提出问题。因此，老师要鼓励学生敢于提出问题和研究问题。无论学生提出的问题质量如何，是否与教学内容相关，是否切合老师上课时的需求，教师都要肯定学生敢于提问，使学生感觉心理安全，能够畅所欲言地将自己的想法和疑惑说出来与老师和同学一起交流探讨。我们不能控制学生的思维，也不能预知到学生会在课堂上提出什么问题，当学生提出的问题超出老师的预想时，老师要从学生的角度出发去思考问题，寻找学生提问的原因和问题所在。当学生能够提出符合自身实际的问题，表明其学习存在疑惑之处，学生的思维能力在不同层次上得到了锻炼。

其次，教师要引导学生认识到提问是一种重要的学习方法。有些学生抱着“老师教授的内容都是对的，提问是老师的事情”等不良心态，懒于思考。教师要引导学生认识到自己是学习的人，认识到提问对学习的价值。学生在头脑中思考问题时，是对自身一种反思，包含了元认知的特点，在这个过程中需要学生进行自我检测和自我控制，发现自己存在的问题。同时，学生能用语言将问题表述出来，必须要调动注意力、想象力、记忆力、观察力、思维能力，这些都有助于提高学习效率，有利于日后的学习。其他同学在听同学发言的时候也会在心里默默地同自己思考的结果相比较，进行查漏补缺。

（二）让学生体验到提问的乐趣

情绪和情感是人开展一系列活动的动力，它驱使我们朝着一定的目标前进，并对活动有维持和调节作用。在认知活动中，情绪、情感的动力作用主要表现为兴趣，当学生对某一知识点产生兴趣时，当学生在认识和探究活动体验到了成功的乐趣时，学习的积极性和主动性就会增强，学习的效率也会提高。教师只有在学生提问时，认真倾听并耐心解决学生的问题，让学生感受到豁然开朗的感觉，感受到获得新知识，知识增长的喜悦和充实感，学生才会产生进一步提问的愿望。

首先，教师要肯定学生提出的问题的独特性。小学生提出的数学问题虽然大部分不一定是创造性的见解，可能是前人已经研究过的问题，甚至是同班同学也已经掌握了的知识，但对于学生自己来说，这个问题是由自己发现的，不是由教科书上给定的现成的问题，是通过自已思考而获得的，对学生个体来说是独特的、新颖的，教师应该认真、耐心地倾听，及时抓住问题中思维的闪光点给予肯定和赞扬。教师可以通过语言、手势、神情真诚地赞扬学生积极主动地从不同角度思考问题，老师的表扬又督促学生不断去思考，形成一个良性循环。

其次，积极解决学生的问题。当学生的认知结构中出现空白间隙，学习遇到阻碍时，学生会尽可能地运用自已所学的知识去解决问题。当学生致力于解决某问题而又百思不得其解的时候，这时学生就会进入孔子所说的“不愤不启，不悱不发”的“愤”和“悱”的状态，教师进行启发的最佳时机，老师这个时候不应该责怪或者处罚学生，应该对学生进行积极的反馈，引导，启发学生得到问题的答案。在启发的过程中，教师必须先找到学生的思维的难点所在，着重于启发学生的难点。“教师的启发起着提示思路和‘搭桥’的作用，只有新旧知识之间存在着一定的逻辑思维关系，新授知识与学生相关的原有经验建立实质性的、非人为的联系，才能使学生在原有知识的基础上通过思考理解并掌握新知识。”[1]问题得到解决，学生的思路也会变得更加流畅和痛彻，之前百思不解的焦虑，紧张就会消失，出现“柳暗花明又一村”的喜悦欣喜和满足之感。

（三）创设问题情境，引发认知冲突

“新学习的知识与学生原有存在差异时，学生就会产生认知冲突，差异越大，认知冲突产生心理失衡的状态越明显。认知冲突导致的心理失衡会促使学生去努力发展原有的知识体系，获得新知识，直至达到新的认知平衡。”[2]因此，心理冲突可以激发学生的探究欲望和探究兴趣，对学生的元认知策略、问题解决技能和态度学习具有重要的意义。

1．利用生活常识创设认知冲突情境

生活常识是学生在生活中通过对事物的感知而形成的生活经验的集合，在数学教学中，可以创设与学生的日常生活经验相冲突的情境，引起学生对探究活动的兴趣和动机。

引发背景：在三年级上册学生就已经学过除法，学生就已经会计算交通工具或人步行跑步时速度，即利用路程除以时间计算速度的方法。学生对路程、时间、速度三个概念相关的有比较丰富的生活经验及数学基础知识，但解决问题的过程中，使用速度的单位仍然是厘米、米、千米等表示路程的长度单位。

引发过程：

---

[1] 张忠华，周阳．对启发式教学几个问题的探索 [J]. 小教育学刊，2009（9）．

[2] 刘显国．课堂提问艺术 [M]. 北京：中国林业出版社，2004.

师：放学啦，完成比赛的小明和小红步行回家，小红 4 分钟走 240 米，小明 8 分钟走 720 米，谁走得快？时间不同，路程不同，该怎么比呢？（PPT 出示小明、小红的时间、路程表格，见表 6-3，学生小组交流讨论并汇报）

表 6-3 路程追及问题

学生姓名	时间 / 分钟	路程 / 米
小红	4	240
小明	8	720

生 1：（方法一）小红 4 分钟走 240 米，走 720 米就要 12 分钟，而小明只要 8 分钟，路程相等，小明用的时间少，小明快一点。

师：谁听明白了他是怎么比的？

生齐声回答：相同的时间比较路程，路程远就快。

生 2：（方法二）小红 4 分钟走 240 米，那 8 分钟走 480 米。小明 8 分钟走 720 米，时间相同，小明走的路多，小明快。

师：我们来看一看他是怎么比的？第一种方法是让他们两个人都走 4 分钟，比较路程，第二种方法是让两个人都走 8 分钟，再比较路程。

生 3：（方法三）还可以比较相同的一分钟两人走的路程。小红是 240÷4=60（米），小明是 720÷8=90（米）。

师：是的，你真聪明，（PPT 展示线段图并在黑板上板书）。

师：同样是时间相同，比较路程，这两种方法有什么不同？

生：一个是比较 8 分钟，一个是比较 1 分钟。

师：看来同学都掌握得差不多，请大家完成下面的练习题。

①一艘宇宙飞船在太空中 5 秒约飞行 40 千米，宇宙飞船平均每秒钟大约飞行多少千米？

②小明骑自行车，2 小时骑了 16 千米，小明平均每小时骑多少千米？

教师在教室里检查学生完成作业的情况。

师：请一个学生说一说自己是怎么想的，在黑板上板书自己的算式，我是用他们走的路程除以用的时间就是速度。

学生回答并板书算式：40÷5=8（千米），16÷2=8（千米）

师：宇宙飞船和骑自行车速度都是 8 千米，一样，你有什么发现吗？

学生思考……

生：宇宙飞船和自行车的速度不可能一样。

师：那我们怎么区分？

生：写上时间。

师教授速度的写法：8 千米 / 秒，8 千米 / 时。

师：像这样表示每分钟行多少米、每秒钟行多少千米、每小时行多少千米叫做速度。我们刚才说的小明跑得快是指小明跑步的速度快。当我们锻炼身体跑步速度很快的时候，一定要注意安全。

师：你知道速度和什么有关系吗？

生：路程、时间。

引发效果：学生在除法计算的基础上，加上数学老师上课已经讲解过计算速度的方法，再计算宇宙飞船和自行车的速度简直太简单了，不就是把走的路程除以时间就解决了嘛，真是太容易了。可是当老师提出宇宙飞船和骑自行车速度都是 8 千米，这与学生生活常识不符，现实情境中学生宇宙飞船的速度是自行车的几千倍，此时学生心中不知不觉地埋下了一颗想要一探究竟的种子，不禁会提出问题，为什么会这样？

2．利用知识的层层深入创设认知冲突

在教学中，教师要随着学生认识的不断深入，在新课的导入和知识的转折处精心设计问题情境，使新旧知识碰撞产生思维火花，激发学生的认知内驱力，保持一种紧张、富有创造性的精神状态，促使学生积极主动地探求新知，提高课堂教学效率。

如教学“两位数与 11 相乘的速算法”，教师引导学生概括出了速算口诀“两头一拉，中间相加（即一个两位数与 11 相乘，积的百位和个位上的数字和被乘数十位和个位上的数字相同，积的十位上的数字就是被乘数十位和个位上的数字和）”，老师紧接着出示了一组练习题，学生信心十足，练习十分活跃。

$16\times11=$	$35\times11=$	$42\times11=$
$54\times11=$	$81\times11=$	$48\times11=$

当学生计算到 $48\times11=$，$4+8=12$，这个题目不能在运用之前速算口诀，教室内的热烈气氛一下子沉寂了下来。老师没有立即教改进方法，只是让学生相互讨论，共同解决。此时学生学习的欲望强烈，在练习的过程中更是如鱼得水，情绪高涨，突然出现一个特殊的、更具挑战的算式，不但不会让学生退缩，反而激发了学生更加强烈的认知需求，探求更多的知识，弄清这个题目为什么会不同，又该如何去解决。最终经过学生的交流讨论得出了结论：“像这种满十的情况，就满十进一，$48\times11=528$。”

紧接着老师又给出了一个算式：$99\times11=$，“满十进一”后百位上又满了十怎么办，学生经过思考讨论，运用刚才学的方法，顺利地解决了新的问题。

在教学的不同阶段，老师不断利用认识冲突激发学生认知内驱力，先学习简单的记得末尾不用满十进一的两位数乘 11 的速算法，让学生对速算方法有基本的认识，但是在计算 48 × 11 时，学生发现用原先“两头一拉，中间相加”的方法只能适用计算结果中不用进位的算式，紧接着就会产生一个问题：结果中十位上进位又该怎么计算呢？此时学生主动产生了认知需求。再后来的学习中，学生又遇到了百位上“满十进一”，又产生新的问题，从最开始的最简单 11 的速算口诀到十位满十进一再到百位满十进一，知识层次的逐步深入，激发了学生去思考、探究、发现。

二、营造自由平等的课堂氛围

人只有在心理自由和身体自由的情况下，学生的思维才能得到激发，才会有创新的意识。学生在数学课堂上提问是学生积极思考的表现，特别是在数学课堂中，数学知识的抽象性和逻辑性更加需要学生的积极思考，因此数学老师更应该鼓励学生勇敢提问。

学生参加学习活动，置身于同学们与老师这一集体的环境中，生生之间，师生之间必然在多方面会相互作用，相互影响。在数学课堂上，教师应该注重组织学生之间、师生之间的人际交往，创设民主、平等、和谐的课堂氛围。学生只有在身心感到轻松、安全、自由的环境中思维最活跃，才会敢想、敢说、敢问，敢向老师说不，敢向书本提出质疑，敢于提出问题。

（一）教师精讲，学生多思

老师在课堂上讲课，并不是盲目地讲，抓住课堂上的每分每秒向学生灌输知识，一个聪明的老师清楚哪些内容应该要讲，哪些内容必须要讲，而且要清楚细致地讲，哪些内容要给学生留有空白，留有思考的余地，让学生有能力去发挥自己的创造力，去质疑，去解决。做到“该讲的大讲特讲，不该讲的一个字不讲”。教师没有讲完的部分就成为学生问题的源头，学生一步步深入思考，发现越来越多的问题，探究问题，解决问题，体验到成功的乐趣。英国教育家斯宾塞曾这样要求教师：“应该引导学生自己进行探讨，自己进行推论，给他们讲的应该尽量少些，而引导他们去发现的则应该尽量多些。”[1]教师要明白教学过程不是铸造一座知识小宝库，而是帮助学生通过自己的探究体验获得知识，教师讲的目的是为了启发学生，促进学生的更好的思考，只有这样才能培养学生的思维，让学生成为一个思考者，促进学生更好的发展。以下是某教师在教学《解决问题的策略——去尾法》时的教学片段：

---

[1] 傅道春 . 新课程中教师行为的变化 [M]. 北京：首都师范大学出版社，2001.

师：我们在解决问题的过程中求近似数，并不是把所有的结果都进行“四舍五入”，我们要根据实际情况求值，比如裁衣服要2米布，布料不够就不能做一套，要把小数部分舍去。就算还剩1.9米，也不能做一套衣服。你们还能说一说生活中还有哪些地方要用到去尾法吗？

生1：坐船的时候，只剩下一个人也要坐一条船。

生2：老师，我有一个问题，可是为什么在统计人数的时候又说13.4万人？

全班声音：对哦……

师：这是为什么呢？你们有谁能解释一下吗？

生3：我知道，因为它是用万做单位的，所以可以有小数点，13.4万人就是134000人。

在第一个学生向老师提出质疑时，教师本来可以直接告诉学生答案：这里是用万做单位才会有小数，不用万做单位就是整数了，可是他并没有这么做，而是马上把问题抛给学生，让大家一起动脑思考解决，这样一来，不止提问的那个学生思考了问题，全班学生都跟着一起思考，并解决了问题。

（二）关注提问中的“弱势”

教师要善待每一个学生的提问，善待每一个提问的学生，保护好每一个学生的问题意识。对于那些学习成绩不好，上课几乎不发言的学生，教师更应该重视关心。首先，教师要以平和的心态对待学困生提出的问题。后进生由于已有知识水平的限制，提出的问题的质量不高，不是老师所期望的问题。尽管如此，老师也不能做出不耐烦的情绪反应，将问题置之不理，甚至批评，责骂学生说：“你怎么连这么简单的题目都不会，你上课有没有认真听讲”。从建构主义的观点来看，学生提出的任何一个问题都是思维的结果，老师需要认真、耐心地倾听学生的问题，抓住机会肯定、表扬学生。得到老师的肯定，学生感受到自己提出的问题是有价值的，学生会更加自信，学习的积极性会更高。另外，教师要对学生的问题进行适当的引导。课堂提问是学生即时提出的，问题在语言和逻辑上都没有经过细致的斟酌、推敲，有时候会存在语言表述不清，词不达意的现象，教师要及时纠正，帮助学生完善表达，进行适当的补充，引导学生帮助学生理清思路，抓住问题的关键，将问题清晰地表述出来。问题越明确，越有利于解决问题。

（三）给学生提问的机会

小学数学教师在教学中需要给学生尽可能多的自由发挥的空间，少一些不准，多一些允许。某教师为了创建民主平等的课堂氛围，给学生提出的“三不迷信”“三欢迎”和“三允许”，值得我们借鉴，即不迷信古人，不迷信名人，不迷信教师，欢迎上课质疑，欢迎发表对教材的不同见解，欢迎发表与教师不同的意见：允许说错，允许改正错误，允许保留意见。教师提出这些希望，是期望自己的学生能够在课堂上做到畅所欲言，没有提问的障碍。在实际的教学中，可以采取这种方法，让学生无障碍地进行提问。

“一般说来，问题的提出大致需经历这样一个学习过程：学习教材（自学或听老师讲解）—存疑（产生疑问）—思考确定问题的性质、类别等—求解（自己探寻问题的答案）—发问（自己解答不出，提出来寻求教师和同学帮助）”。❶

教师在教学中可以有意识地预留一段时间供学生提问。给学生预留提问的时间一般在上新课之前或是在课堂教学快要结束之际在教授新知识之前让学生提问，有利于教师了解学生原有的认知基础，即学生已经知道的，掌握学生还需要学习的地方。只有这样，教师才能因材施教，有针对性、有重点的教学，而不是“眉毛胡子一把抓”。

以下为某教师教授“吨的认识”的教学片段：

师：有些小朋友好像还很陌生，那我们今天就来认识吨。

师：在生活中你认为那些东西以吨为单位的。

生：一辆汽车的重量。

师：很棒！

生1：一只海豚的重量。

生2：一只大象的重量

生3：十块砖头的重量。

师：恩，老师先把你的写下来，因为老师也不确定十块砖头的重量是不是用吨做单位。

师：刚刚你们指出的用吨作单位的都有什么特点呢？

生：都很重。

生1：都很大。

师：那在数学上我们计量比较重或大的物品的质量通常用吨作单位。关于吨，你们还有什么想知道的吗？

生1：1吨有多重？

生2：1吨有多少千克？

生3：1吨中有多少个人？

师：很好，今天这节课老师就帮你们解决这些问题。

学习质量单位对学生来说并不陌生，之前他们已经学过克和千克，而且关于

❶ 姜保平，何彦平．如何更加充分地调动大学生学习的主动性[J]．宁夏工学院学报，1997（09）．

质量单位“吨”，学生在生活中也有较为丰富的生活经验，如家用轿车、马路上的大货车，动物园里面的大象等。刘老师在学习“吨”之前，让学生大胆提问，通过提问：关于吨，你们还有什么想知道的吗？老师给学生提供了发表自己想法，自由言论的时间和空间，由此引出学生更多的问题，几分钟学生就提出了好几个问题。在这段时间里，学生只需要思考问题，而不需要去分心思考要不要举手提问，自己提问会不会打断老师的教学等一系列的问题。可见，只要教师给学生提问的机会，学生也能提出一些具备探究价值的问题。

当然，在一节课的最后几分钟教师可以给学生相互质疑和解决疑惑的时间，鼓励学生相互提问，相互质疑，或者将自己不懂的地方说出来，老师和同学共同解决。在相互质疑的过程中，每个学生都想出问题“难住”对方，学生在有那种思考和选择难题的过程其实也是对知识的梳理和理解。毋庸置疑，如若学生在课中举手提问，教师也应该允许学生把自己的想法大胆地说出来，教师寻找适当的时机进行解决。

三、提高学生课堂提问能力

提问能力是学生语言表达能力和思维的外在表现。通过调查发现，在数学课堂上，部分学生的思维不够活跃，语言表达能力有待提高，提出的问题可能是片面的、偏激的，但是其中也不乏惊喜。老师要带领学生一起研究问题，从众多的问题中，去分析判断哪些是低水平问题，在书上可以直接找到答案，哪些问题的质量很高,并且好在哪里。通过老师的引导,学生自然而然地学会判断,筛选问题,提出具有价值的问题。因此，小数数学老师在课堂上可以有计划、有组织、有目的对学生进行提问能力的训练，让学生在学习中掌握提问的技巧和方法，提出高质量的问题。

（一）加强发散思维的训练

有探究价值的问题是建立在学生强烈的问题意识和严密的思维基础之上的，而发散思维是问题意识的认知基础。发散思维是指学生针对一个知识点能够多层次、多角度地思考问题，以某个知识点为核心，向四面八方扩散，形成立体的思维网络。扎实的数学基础是学生数学问题意识形成的知识基础和前提，如果说具备丰富繁荣数学知识和良好的知识结构为问题的提出提供了可能性，那么发散思维则使这种可能性转换成必然性。在教学中，教师要注意培养学生的发散思维，使他们不要被已有的偏见束缚。比如在教学中，教师可以采用一题多解、一题多变、多解一题的方式，让学生的思维多方面，多角度地发散。同时教师在课堂上可以根据教学内容创设开放的问题情境，多设置一些开放题，由于数学开放题的条件、结论都具有开放性，没有固定的标准答案，学生更愿意说、敢说，学生的思维得到激发，更容易碰撞出思维的火花。

（二）培养学生的反思能力

反思是指学生对自己的学习过程和学习结果进行回顾和分析，进行批判性思考，这是一种重要的元认知策略。通过对自身的反思，学生可以从不同的角度、新的方向去发现问题。学生的学习反思一般分为4个环节：回顾学习过程、反思学习过程、评价学习结果、觉察其中可能存在的问题、大胆提出问题。比如在三年级下册学习“烙饼问题”中的优化思想。“在火炉上烤饼，烤一个饼要四分钟，正面两分钟，反面两分钟。现在火炉上一次只能烤两个饼，请问烤三张饼最少需要几分钟？”烤饼的方法许许多多，但是要求时间最少最优化就只有一种方法。学生在解决问题后，要思考自己的方法是最节省时间的吗？为什么这样做比其他的方法更节省时间？生活中还有哪些问题可以用烙饼问题的方法去解决？更有学生提出，我有时间，为什么要时间最少，我可以一张饼一张饼地烙。学生这种自我反思、批判、质疑的精神，使得学生不断地提出数学问题及自己的质疑。对此，教师在教学中要加学生的反思能力，在课堂上给学生留有反思的时间和空间。

（三）教给学生提问方法

“授人以鱼，不如授人以渔”，要让学生会提问，教师必须要注意向学生传授提问的方法和技巧，过急过偏的培养方法不仅不能培养学生的课堂提问能力，反而会打击到学生的自信心。毕竟学生课堂提问能力的培养也不是一朝一夕的事情，教师应该把各种教学方法渗透到教学和学校生活的方方面面逐步提高学生的提问能力。具体的提问方法有以下几种。

（1）比较法。比较是在教学中经常使用的方法，有同类比较和异类比较横向比较和纵向比较。通过比较可以加深印象，加深对问题的认识和理解，教师要引导学生善于从对比共同性和差异性中寻找问题，抓住关键问题进行分析。

（2）反问法。对于教师、教材提出的所说的内容，学生可以进行反问。如在三年级下册教学平年和闰年的判断方法，教材上写着：公历年份是4的倍数的就是闰年，这时，教师可以引导学生提出反问，教材说是一般，为什么要加一般呢？那是不是还有特殊的情况？特殊情况不是除以四，又是除以几呢？通过对教材的反问提出数学问题，特殊情况中怎么判断平年闰年，引导学生自行探究从而得出“百年不闰，四百年再闰”的结论。

（3）求全法。对一些看上去似乎十全十美的事物，教师可以引导学生去发现他还不完善的地方，使他更加完善。世界上没有十全十美的东西，所以这种苛求可以引导学生发现问题并提出问题。

（4）猜想法。“没有大胆的猜想，就没有伟大的发现”。学生想象力丰富，思维活跃。教师要引导学生进行大胆的猜想，鼓励学生把所有的可能的情况都说出来，然后再依据自己已有的知识和生活经验进行逐一分析，寻找科学的猜想。

第三节　提问过程维度的策略分析

根据学生和教师对于课堂提问的直观感受，结合观察课堂和优秀课堂之间的对比，对提问的问题设计阶段、提问阶段以及答案处理阶段的相关策略进行调整，更好地保持课堂提问的有效性。

一、做好对有效提问的设定

（一）保持问题的形象具体特征

有效的课堂提问能达到强化学生思维的程度，但是在教学的过程中也应该根据实际情况逐步地提升问题的难度，小学生的思维主要以具象思维为主，在问题设置的过程中应该尽量保持问题的形象具体特征，让学生更好地理解问题。

试比较下述提问的有效性：

范例 1：这两只小猴子在做什么呀？（摘桃子）

范例 2：第一只小猴子摘了几个桃子？

范例 3：第一只小猴子摘的比第二只的少 2 个，第二只小猴子摘了几个桃子？

上述提问以直观具体思维为主，学生对问题易于理解。

（二）问题的设计要由浅入深，注意问题的层次性

在问题设计阶段也应该逐步地提升，由浅入深，逐层地向问题的内部进行深化，在知识点讲解的过程中，应该将问题由具象设计逐步转化为抽象设计，逐步实现知识点的呈现，带动学生更加积极主动地对于问题背后的知识点进行考虑。

试比较下述提问的有效性：

范例 1：这些数字都是质数吗？（1、2、3、4、5、7、15、28）

范例 2：说说你的理由。

范例 3：2 个不同质数的乘积一定是质数还是合数？还是不一定？

上述提问从质数和合数的根本定义入手，由浅入深，推进到判断两个质数的乘积是质数还是合数，带动学生更加积极主动地对于问题背后的知识点进行考虑，培养逻辑思维。

（三）保障构建知识的多元性

在问题设计的过程中也应该保障问题的多元性，在问题设计的过程中可以加入多个知识点进行相关知识体系的构建，逐渐地在学生的思想中构建较为完整的知识体系，注意对相关概念的区别和识别，能够更好地通过已有的知识进行新知识的掌握，通过多元问题的设置能够保证学生区分并掌握知识之间的联系和差别。

试比较下述提问的有效性：

范例 1： 请你尝试用短除法求出 24 和 56 的最小公倍数，可以吗？

范例 2： 短除法我们之前在哪里用到过？（分解质因数）

范例 3： 同样都是用到短除法，具体用法一样吗？有什么区别和联系？

上述提问进行了短除法知识体系的构建，通过解决具体问题不同的用法对短除法更加精准地掌握和使用。

二、在课堂上具体实施有效提问

问题的提问是课堂提问的关键步骤，在操作的过程中需要对提问的语言、时间、对象选择、停顿时间等做出适当的调整，取得较好的课堂提问的效果。

（一）问题描述的过程应尽量清晰、简短

在课堂问题描述的过程应该尽量选择清晰、简短，贴近小学生语言风格的问题进行问的阐述，避免由于阐述不清晰给学生造成的困扰。必须保证小学生易于抓住提问的重点，而且还要严谨。

试比较下述提问的有效性：

范例 1： 同学们，这个图形有几条边？

范例 2： 奇数和偶数各有什么特点？

范例 3： 你想用什么方法求出这个不规则图形的面积？

范例 4： 4/5 的意义是什么？

上述提问在清晰简短的同时重点突出，学生没有困扰。

（二）保证参与度，选择合适的同学进行问题的讲解

有效提问的问题回答对象应该是全部学生都能参与到问题之中，学生应该感受到教授的充分的关注，应该选择一个合适的视野，对视野中的学生进行选择而不仅局限于前排学生回答问题，同时，在问题提出之前，最好不要进行点名回答，也尽量不要采用按照座位号依次进行，这样会容易分散学生的注意力，教师在进行问题提问之前应该对班级同学的知识水平进行大概的了解，结合对该问题的知识涵盖量进行大概的衡量，选择合适的同学进行问题的讲解。同时在问题讲解的

过程中也要充分地关注到大多数学生的反应，可以在溜号的学生中选择对象进行相关问题的提问。

（三）给学生一定的思考时间

要在问题提出之后给学生一定的思考时间，包括答案组织时间，当然这个时间也不宜过长，时间过长可能会使得同学溜号，可以采用小组讨论的方式增加学生在这个过程中的兴趣，更加积极地参与到问题解决之中，在这个过程之中，聪明的学生能够更迅速地得出相应的解决措施，而不那么聪明的学生在过程中应该需要更多的思维的刺激激发对问题的思考，从而进入深度学习。

试比较下述提问的有效性：

范例 1：老师的侄子前阵子量身高是 –2 厘米。可能吗？为什么会出现这种情况呢？ 1 分钟后交流。

范例 2：接下来给大家 5 分钟的时间，先独立思考，然后再进行小组讨论以下两个问题，3 的倍数又有什么特点呢？为什么满足这个特点的数就是 3 的倍数呢？

上述提问都是在抛出问题后给予学生适当的思考时间，让学生能够深入问题，发现其中的奥秘，进入深度学习状态。

（四）适当应用探询性提问

在实际教学活动中，学生的回答经常出现答案正确但理由说不对的情况，这就说明学生根本没有深入问题的本质，只看到表面现象，凑巧做对，其思考过程肯定是不恰当的，这对我们的教学是一道很难逾越的鸿沟。为减少或是避免出现此类情况，保证学生的思考深入而全面，教师尽量多采取探询性提问，即在学生对提问有一个回答后紧接着追问几个问题，层层剥茧，深入知识的内在本质，保证学生的思考合理而全面。

试比较下述提问的有效性：

范例 1：这个平行四边形可以通过切割重组拼成什么图形？

范例 2：你是怎么切割和重组的？

范例 3：平行四边形的底跟拼成的图形的哪条边有关系？是什么关系？

范例 4：平行四边形的高跟拼成的图形的哪条边有关系？是什么关系？

范例 5：平行四边形的面积是拼成的图形的面积的几倍？

范例 6：平行四边形的面积计算公式如何表示？

上述提问一个接一个，逻辑关系清晰明了，富有启发性，让学生深入了数学知识内在本质，清楚地理解平行四边形面积公式的推导过程。保证学生不仅知其面，而且明之理。

（五）适当增加多类型提问

在问题设计的过程中也可以多设置一些此类型的问题，通过这些问题的设置能够鼓励学生以一种更加开放的观念进行问题的思考。教师可以通过一题多解、一题多变的方式让学生更加积极主动地思考，寻求更多办法解决问题，培养一种创造性思维。

试比较下述提问的有效性：

范例 1：这名同学用 12 个完全一样的小正方体摆出了什么图形？你还有别的摆法吗？试试看，有几种？

范例 2：面对这些摆出来的各个大长方体，你能分别求出它们的表面积和体积吗？

上述提问的答案不止一种，摆出的大长方体形状各不相同，虽然体积不变，但是表面积会存在不相同的情况，为以后研究“包装的学问”打下基础。

三、对有效提问的答案做合理处理

（一）不再复述问题，展开启发性补充

在学生回答问题的时候应该注意对答案的处理，这影响着学生在这个过程中积极性的保持，学生在答题的过程中不用再重复这个问题，可以多展开一些启发性的补充，保证学生能够更有学习兴趣，更深入合理地回答问题。

（二）抓住学生答题的闪光点

在和学生进行交流的过程中应该保持小学生的语言风格进行交流，这样能够更好地避免学生在回答问题的时候的紧张情绪，及时抓住回答问题过程中的闪光点进行适当的表扬，以此提升学生数学学习的兴趣和自信。

试比较下述答案处理的有效性：

范例 1：你刚才的回答好厉害，真是个聪明的宝贝！

范例 2：用了你的方法，这只迷路的小白兔终于回到了家里！

范例 3：老师都忍不住要替王爷爷谢谢你啦！

范例 4：原来还可以这么算呀，这种方法实在是更简单了，谢谢你！

范例 5：完美！太完美了！我觉得我不需要再补充什么了！

上述对于答案的处理保持了小学生的语言风格，建立了课堂的心里安全感，并针对闪光点进行了表扬，课堂效果棒，学生学习信心足。

（三）保护学生的积极性和能动性

对问题回答过程中的不足进行适当的引导，不要给出过于绝对，或者过于情

绪化的答案，教师要在理答过程中保持耐心，站在学生的角度倾听学生的回答，对于答案错误的学生当方向发生错误的时候，可以不再继续进行追问，不要过于苛责学生的错误答案，可以选择其他的学生进行问题的解答，这个时候要注意对学生的积极性和能动性的保护，不要因为情绪化而引起学生的焦虑紧张，影响学生学习的主观能动性。

试比较下述答案处理的有效性：

范例 1：你说的第一点对我很有启发，谢谢你！但是第二点我觉得还是需要我们大家共同思考一下，好吗？

范例 2：这是你的想法，我觉得再稍微补充一下就更好了，还是很厉害的哦！

范例 3：你的声音足够洪亮，我很喜欢，如果能把你拼摆的过程描述得再具体一些是不是会更好？

上述对于答案的处理没有针对不足给出绝对的否定，而是进行了引导，学生的积极性没受到损害，反而在接下来的回答中更加积极。

第四节　提问评价维度的策略分析

在课堂上为了促进每一个学生积极思考问题，提高每一个学生的提问能力，就不能在数学课堂上只关注那些学习成绩好的“极少数”学生。为了让每一个学生积极参与到课堂中，激励学生提问，增强学生自信心，教师构建适宜的评价体系很有必要。如果学生的问题提出后，老师及时而又正确地评价，学生可能就会觉得老师重视自己的提问，从而激发了学生的提问动机。如果老师对学生的问题不予以评价，也不理睬，学生就会觉得老师不喜欢学生提问，提的问题不好，这不利于学生提问动机的培养。

一、建立“提问”奖励制度

“莫顿·多伊奇在勒温的群体动力学理论基础上提出了三种目标结构理论：竞争性、个性化和个人化。其中，合作性目标结构中，所激发的是社会目标为中心的动力系统。只有所有成员都达到目标时，某一个个体才有可能达到目标取得成功；如果某团体中某一个人达不到目标，则其他人也达不到目标。”[1]把这种合作性目标结构运用到学生提问中去，能够促进学生团体和个体提问能力的共同提升，具体实施如下，在班上利用“一优带一后”的方法将班上学生进行分组，组

[1] 燕良轼．教育心理学 [M]．武汉：武汉大学出版社，2010.

内同学只要积极发言、提问就可以给自己的组加分，每个月教师对每组提问得分进行统计，在班上评选一组为“提问之星”，老师可以适当将学生课堂提问的情况纳入到期末考核中去。通过评选“优秀之星”的方法，可以激发每个人为了小组的利益而积极发言提问，形成你追我赶的课堂提问氛围。特别对于后进生或提问能力较差的学生，如果在课堂上提不出问题，可以允许其课前预习书上的材料从中发现问题，把问题记在本子上，等待上课时再提问。

二、进行差异性评价

《课标》指出：评价应该体现以人为本的思想，尊重和体现个体差异性激发个体的主体精神，以促使每个个体最大限度实现自身价值。[1]学生希望老师的评价是公正的，正确的，肯定的，但是由于每个学生的思维特征、知识水平，家庭环境不同，教师想要每个学生的学识水平达到相同的高度是不现实的。[2]教师在评价学生时，不能以同样的标准去评价不同学生提出的问题，要尊重学生之间的差异性，使评价能够针对每个学生的个性，最大限度地增强学生学习的动力，促进学生往好的方面发展。对待那些在课堂上很少主动发言的学生来说，教师的评价主要集中在肯定学生能够勇敢地站起来当着全班同学的面说出自己的想法，引导学生将问题流畅清楚地表达出来。对于那些提问能力较弱的学生，只要学生能够清晰准确地将自己的疑惑表达出来就行，而对于那些学习成绩好，老师的要求则要更高一些，要求学生不仅要清楚地表达自己的疑惑，在提问的质量上也要有所要求但无论评价的对象是哪一层次的学生，教师要善于发现学生的闪光点，也要指出学生以后努力的方向。同时，教师的评价也应该具有针对性，不能公式化，也不加甄别的一味表扬到底，否则就降低评价的激励作用。

三、及时反馈课堂提问

教师要对学生的课堂提问采取即时评价的态度和方法。学生在课堂上提出问题，本能地会期待得到老师的反应和回馈。这就要求老师做到以下几点：首先，对待学生的提问，教师要细致耐心地倾听，发现学生，对于提出高质量问题的学生，要大力表扬，如语言上的赞美，对学生竖大拇指，露出喜悦的微笑。同时要让提问的同学说一说自己提问的思路，老师再进行点评，让学生知道高质量的问题，好在哪里，哪些地方值得大家借鉴。其次，如果学生提出的问题中出现错误，或者问题质量不高，老师不能讥笑或者讽刺学生，要引导学生改正，厘清思路，

---

❶ 杨义祥 . 新课标下小学数学教学初探 [J]. 读写算（教育教学研究），2014（47）.

❷ 部舒竹 . 实践取向小学教师教育教程 [M]. 北京：教育科学出版社 2007.

提出质量更高的问题。

例如，某教师教学《面积单位之间的进率》时，面对学生的问题通过以下方式应对。

师：上节课我们学习了面积，今天我们来学习和面积单位之间的进率。关于物体的面积，你们知道什么？

生1：面积是封闭图形或者是封面的大小。

生2：面积是可以比较大小的。

生3：平方厘米、平方分米、平方厘米是面积单位。

师：看来你们把上节课的知识都学会了，关于物体的面积单位你还想知道哪些？

生1：1平方米是多少平方厘米？

生2：还有其他的面积单位吗？

生3：橘子有面积吗？

师：你提了一个很有趣的问题，但是这个问题我们在上节课已经讲过。如果你上课的时候认真听，你还可以发现更多有趣的问题，请坐，橘子有面积吗？

生齐回答：有。

师：橘子是有面积的，你拿到橘子的时候，可以用手摸一摸橘子，橘子皮的大小就是橘子的面积。你还能想到和橘子的面积相关的其他问题吗？

生3：橘子的面积怎么求？

师：这个问题提得很好，你想到的可是我们五年级才会学的物体的表面积。我们可以把橘子看做是一个球，然后再求它的面积，这个知识在五年级我们会学习。

橘子的面积是教师在教学《认识面积》的第一课时就讲过，学生这节课上还在质疑橘子有面积吗？只能说明老师上课讲的内容学生没有掌握，或是上课开小差没听课。面对学生提出的“橘子有面积吗？”这个问题，教师并不是一开始就责备他之前上课不听见，现在又来问老师，而是先评价他提出的问题很有趣，想法很独特。但同时又指出这个问题是上节课已经讨论过的问题，因为你没有认真听见导致自己不懂，提醒学生上课要认真听讲。紧接着，老师又问：你还能想到和橘子的面积相关的其他问题吗？在老师的追问下，学生回答：橘子的面积怎么求？可以看出学生有着一颗积极热切的求知心，老师一步步的追问，学生的思考逐步深化，问题的质量和层次有所提高。

再次，如果学生提出的问题对老师具有一定的挑战性，老师无法当时解决。老师也不能当做没有听到学生的提问，直接忽视。教师可以大方地承认这个问题自己暂时还解决不了。毕竟人无完人，教师也不可能会解决任何的问题，老师可以利用课后的时间查找相关的资料，尽量给学生一个满意的回答，使学生维持提问热情，让学生从心理上感受到老师的尊重和爱，从心理上信服老师。

四、注重内容生成的追问

教学不仅仅是对教科书上数学知识的认知活动过程，更应该关注于数学知识向外延伸的相关知识与生活内容。教学内容的生成多为师生间对话过程中对学生进行追问，从而促进学生知识面的拓展，深入到生活的各个方面，当然在追问的过程中，要有学生思考选择的余地。

（一）控制内容预设并促进生成

教师在教学活动中，一方面，要合理地对教学内容进行预设；另一方面，需要教师在教学活动中促进教学内容生成。首先，教师要做好教学内容的预先设计。教师要清楚知道自己教学的内容，但又要给予教学内容生成的空间，避免因为生成性的追问影响教学目标的完成。其次，教师预设的问题要给予学生思考回答的空间。问题设计要有延展性，具有深度并能进行追问深度，以挖掘知识间的内在关联。最后，教师应注重提问对象的选择性在教育公平的基础上，教师可根据追问问题的难度针对性地选择提问对象，从而使不同能力水平的学生在同一问题的不同深度追问下获得发展。

【案例 1】 某教师在教学《分数的大小比较》时，出了这样的题目：在括号里填上适当的最简分数：(　　) >5/6。学生结合所学的内容作出了相应的回答。

生 1：把 5/6 的分子、分母同时乘 2 得到 10/12，11/12 就是比它大的分数。

师：还有吗？

生 2：13/12、17/12、19/12 等都是。

师：有不一样的想法吗？

生 3：我有更简洁的方法，填假分数就可以了，肯定比真分数大。我填的是 7/6。

师：这样思考真是既简洁又有效，那么假分数的分母一定得是 6 吗？

生 4：不一定的，只要是假分数就行。

师：确定吗？

生 4：写好后还要约分。

师：还有更简洁的方法吗？

生 5：我不用约分也行，两个素数就可以，肯定是最简分数。

生 6：只要分子比分母大 1 也行，因为相连的两个自然数成互质关系。

（二）理解回答内容并深入追问

学生回答问题不准确时，教师要分析学生回答，对其回答进行设疑，使学生产生相互矛盾，故而重新思考，教师通过不断追问进行引导学生找到正确答案：另外当学生的回答出现不全面，不完整的时候，也是教师针对没有回答的地方设疑，使学生能够意识到自己漏的地方，做到回答问题的严谨。当学生的回答别出心裁具有延展性的时候，教师要对其能够延展的地方进行追问，在追问的过程中学生也是经常容易犯难，教师要适当举靠近学生生活的例子，以便学生能够能清楚理解所提问的问题，同时也能够使学生意识到自己回答的内容与生活或是其他学科有着密不可分的关系。

【案例 2】 教师在教学“小数点位置移动，引起数的大小的变化”时，根据：

（1）0.009m=9mm，

（2）0.09m=90mm，

（3）0.9m=900mm，

（4）9m=9000mm。

师：以（1）式为标准，从上往下观察，小数点的位置发生了怎样的变化？

生：小数点向右移动了一位、两位、三位。

师追问：原来的数字 9 所在的数位发生了怎样的变化？

生：原来的数字 9 由千分位移到了百分位、十分位、个位。

师继续追问：小数的大小发生了什么变化？为什么？

……

（三）建立数学知识之间的联系

数学是一门逻辑性很强，学科内部知识极具关联性的一门学科。就目前对教师教学活动进行观察情况来看，教师对数学知识之间联系情况了解不多。

首先，教师要了解所教内容与本章节知识之间的相互联系。在本章节的知识之间联系是最为紧密的，因此教师在备课时应进行整个章节的备课，这样可以对本章节的知识会有整体认知。

其次，教师要了解所教内容与本学期教材知识之间的相互联系。教师应了解所教内容在本学期教材中起着什么样的作用。

最后，教师要了解所教内容与小学阶段知识之间的相互联系。教师要探究本节课的知识内容在整个小学阶段的作用。

【案例 3】 教师在教学“小数加减法”时，整理计算法则后，向学生提问：

师：小数加减法与整数加减法的计算法则有哪些相同和不同？

学生对此产生了兴趣，进而进行激烈的讨论。经过讨论后，学生们得出二者之间的相同点和不同点。

生：相同点是相同数位上的数对齐，而且都从低位算起；不同点是对位的方法不同，其中整数加减法是末位对齐，而小数加减法是小数点对齐。

通过计算法则的对比，使学生更加理解和掌握整数、小数加减法的计算法则，发展了学生的认知结构。

（四）建立数学与其他学科之间

就目前数学教学情况而言，教师对于数学的教学是比较孤立的，完全封闭于数学知识体系进行教学活动，不曾与其他学科之间建立联系，从而数学学科独立于其他学科知识，学生在学习起来就会显得困难。介于此，教师应了解学生当前所学学科与进程，建立起与数学科学知识间的联系，通过其他学科给予数学学科的辅助教学。与此同时，也要让学生意识到数学各个学科之间的相互联系，在教学活动中切实体会到知识间的相互作用、相互融合，通过不同学科的不同兴趣点引发学生学习兴趣，促进学生正向迁移，最终能够学会贯通。教师应巧妙地运用学科之间的知识关系，对学生进行有目的的追问，在掌握数学知识的基础上建立起与其他各个学科之间的联系，引导学生进行思维的发散，从各个学科中对数学知识进行了解，丰富学生的知识与视野。

第五节　基于有效提问策略的整体教学设计

一、精心设计课堂提问问题

提问是要精心设计的。课堂上展开提问，是因为有问题或者有需要，所以问题一定要围绕提问的目的展开设计。由于以问题作为提问的抓手，所以要保证问题的科学性和高质量。有效的提问在于科学预设问题，包括四个含义：第一，问题要准确，不出现学术性或知识性的错误；第二，问题要能准确反映你提问的目的；第三，问题设计应该少而精；第四，问题之间应有逻辑与层次。

通常，精心设计高质量的问题一般有以下几个步骤：

首先，对课堂提问问题做好准备，明确教学要达到的目标，同时，也要把握学生对所学知识的认知特点和起点，更好地对课堂教学内容中的重点和难点做出准确分析。

其次，结合这些知识特点进行多层次的问题设计。恰当而富有艺术性地提问，是启动学生思维的“钥匙”，是增强学生记忆的“催化剂”。“支点”就是知识间的联系点和关键点，是学生所不易领会的地方。找准问题的“支点”，即于其处提出，能开启学生的有效思维。因此，教师要重视问题“支点”的选择。在教学中应根据知识的内在联系和学生思维发展的顺序。有目的、有计划地抓住关键点进行设疑，并引导学生思考、分析、讨论。

【案例1】 教学“商不变的性质”时，根据算式：60÷20=3。则：

（60×2）÷（20×2）=3　　（1）

（60×100）÷（20×100）=3　　（2）

（60÷4）÷（20÷4）=3　　（3）

（60÷10）÷（20÷10）=3　　（4）

教师结合上述算式关系对课堂提问问题进行如下设计：

（1）比较上面4个算式的商有什么特征？

（2）（1）式和（2）式与原式比较，被除数、除数是怎样变化的？

（3）教师展开追问：如果同时扩大会有怎样的影响？

（4）根据示例能发现什么规律？

经过观察、分析、解答上面问题，学生能够悟出“商不变的性质”，这时教师再问：谁能把我们发现的规律综合在一起完整地说一说？这样在教师的引导启发下，学生就能够概括出商不变的性质。这种提问能培养学生观察、分析、综合、比较、概括能力。

总之，课堂提问要明确目的，要精心设计，合理安排. 抓住那些关键点设疑。充分体现“以学生为主体. 教学为主导”的教学原则. 使课堂教学达到事半功倍的效果。

再次，在课堂教学中设计问题时也要控制适度，能够使学生最为直观地从中学习到知识，同时并接受启发，展开自身的创造性思维。从学科教学角度来看，我们将小学数学“关键问题”定义为：直指本质、涵盖教学重、难点，具有高水平的、以探究为主的问题。

【案例2】 教师在讲解“梯形的面积”时，可以按照如下方式设计关键问题。

师：你打算把梯形转化为什么图形？

师：转化后的图形与梯形有什么关系？

师：梯形的面积怎么计算？

师：两个完全一样的梯形可以拼成一个什么样的图形？

二、结合课堂氛围制定提问情境

子曰:“知之者不如好之者，好之者不如乐之者。”“乐”体现出热爱，反映的是学习者对学习内容的态度、感觉。

在数学课堂教学中，通常所教授的知识比较概念化，因此学生往往会感觉到乏味，因此很难融入教学氛围，进而对教师的课堂提问不感兴趣，不会积极参与回答。为了活跃课堂范围，使课堂提问发挥积极作用，教师可以利用故事或游戏等让课堂氛围更加生动有趣，进而提出相应的课堂提问，这样就会提高学生的活跃程度，让课堂提问更加有效。

【案例 1】“可能性”教学片段：时间一天天地过去，眼看就快要过年了，帮财主做了一年长工的阿凡提想向财主要回他十个金币的工钱，可贪心又小气的财主却不想给他，心想：要怎样做才能使阿凡提得不到金币又无话可说呢？财主想啊想啊，终于想出了一个自以为很好的办法。于是他对阿凡提说:“不要说十个，我这里有一箱子的金币，你把里面的金币往上一抛，如果落下后个个都是正面朝上，那这些金币你就可以全拿走了。”“那好啊，你先把金币给我。”阿凡提回答说，于是他把箱子里的金币全都倒出来，玩弄了一会儿……

教师提问：这个故事的结果到底如何呢？阿凡提可能赢吗？

【案例 2】人教版四年级上册《对策问题》——玩扑克牌游戏

师：大家都会玩扑克牌吗？那好，现在跟老师一起来玩扑克牌比大小的游戏，好吗？

出示两组扑克牌 5、7、9 和 3、6、8 和游戏规则。

师：老师这里有两组扑克牌，它们分别是 5、7、9 和 3、6、8。

在比赛之前，我们先了解一下游戏规则:（屏幕出示游戏规则）

双方每次各出一张牌比大小，每张牌只能出一次，比赛采用“3 局 2 胜”制。

师：游戏规则大家都清楚了吗？好，现在请同学选牌，如果给你先选择的话，你会选择哪一组和老师比？

学生选 5、7、9，但经过游戏后，老师胜利。

师：为什么老师总能赢呢？在刚才比的过程中，你有什么发现？

生：老师每次都用自己最小的牌去对学生最大的牌！这样虽然第一次输了，却保证了接下来两场的胜利。

师：怎么改规则就能让你们赢了？如果老师先出，怎样做到“每出必赢”？

揭题：老师总能赢是因为用了一个小小的对策，今天我们来学习有关的对策问题。

三、把控课堂提问的度

在课堂教学过程中，教师提问要注意时机，要善于利用或创设一个最佳时间向学生提问。如果问早了，学生认识结构或思维过程上会出现断层，欲速则不达。问迟了，提问的结果可能会皆大欢喜，但却使提问失去了促进学生思维发展的作用。那什么时候才是最佳提问时机呢？当学生处于孔子讲的“心求通而未得，口欲言而不能”的“愤悱”状态的时候。此时学生注意力最集中、思维最活跃，对教师的提问往往能入耳、入脑、入心，把握好这样的时机课堂提问才能取得良好的效果。

小学数学课堂提问要切合学生的年龄特点和教学起点，提问的难易适度。问题太难，学生够不着，易打消学生学习的积极性，产生畏难情绪；问题太易，学生觉得太简单，也难引起学生的学习兴趣，不利于学生思考。同时，提出的问题要适合不同层次的学生，提出问题要有梯度和层次，问题由易到难。

小学数学课堂提问并非越多越好，越细越好。问多了，看似热闹，实则学生思维的空间和时间就少了，学生也容易产生厌烦情绪与附和心态。教师提问时要抓住知识的关键和本质，关注学生学习的状态和情绪，教学情况的开展情况，教学内容的实施情况，提出的问题少而精，注重问题的开放性，坚决克服和摒弃“满堂问”的现象。

四、做到及时的理答和评价处理

教师在课堂教学中应对学生的回答和提问做出及时应对，并且要表现出耐心和鼓励，同时抓住回答中的闪光点，及时表扬学生，从而调动其积极性。对于学生回答中的漏洞也要仔细倾听，并及时做出合理的反馈和评价，让学生能够更好地理解自身的不足。

在小学数学课堂提问教学中，对学生科学合理的评价是课堂有效有序进行很重要的因素，是和谐课堂的追求。对数学学习的评价不仅要关注学生的学习结果，更要关注他们学习的过程；不仅要关注学生学习数学的技能与方法，更要关注他们在数学活动中所表现出来的情感与态度。

课堂评价的作用主要表现在以下几方面：第一，能激发学生参与课堂学习的情感。课堂提问的教学过程是一个师生双方在认知、情感、个性等方面相互作用的过程，教师的课堂即时性评价可以起到激发学生参与课堂教学情感的作用，充分发挥学生学习的积极性，引导学生愉快地享受课堂学习，增强学生对课堂学习的参与程度。教师通过课堂教学中的即时性评价，激发学生的学习兴趣，调动学习情感，创设全身心参与的学习环境，让学生积极主动的“参与学习”。第二，可以提高学生参与课堂学习的能力。教师要及时掌控课堂中生成的问题，通过对生成性问题的解决，对学生参与课堂状况的观察分析，借助即时性评价，发挥指导和暗示的作用，让学生从心理上产生强烈的对学习方法和技巧的需求，从而不断提升学生的学习能力，造就具有可持续发展能力的学生。第三，能促进师生互动。教师良好的课堂评价语言，不但能够促进师生间的课堂互动，更能使课堂教学在融洽、活跃的氛围中进行；不但能触及学生内心最深处的感动，也能促使教师更有激情去挥洒汗水。一句饱含深情的评价性语言，能让师生更加的贴近对方，更能调动课堂的活力。

在数学课堂上，学习材料的呈现、问题情景的预设都在一定程度上给学生提供了广阔的思维空间，但这是静态、外在的。只有教师用专业智慧的评价，才能使学生真正背起数学思维的行囊，行走在数学活动的旅途中，引导学生渐入思维的佳境。

【案例1】 教师在为一年级学生讲解时间的认识知识。

在确认了“时针走过3,分针指着6,是3时半”和“时针走过7,分针指着6,是7时半”的基础上，教师向学生提出相应的问题。

师：小朋友，从以上研究的结果，你想到了什么？

生1：时针走过5，分针指着6，是5时半。

师：你是怎么知道的？

生1：我是根据以上两个钟表中的信息想出来的。

师：能根据信息进行合理的推想，这是一种很好的思考方法，其他小朋友也能这样推想吗？

生2：时针走过10，分针指着6，是10时半。

生3：时针走过2，分针指着6，是2时半。

生4：老师，我知道了时针走过几，分针指着6，是几时半。

上例中，教师睿智地捕捉了学生“无意中运用的推想”，评价有效的引导学生在“学会”的过程中向“会学”迈进，使学生领略了数学的理性之美。

教师的评价语言要具体、简洁、准确，让学生听得明白。既不能一味地肯定评价，也不能一味地批评，要让学生知道哪是好的，哪是不好的；哪是对的，哪是错的，错在何处。

【案例2】 教师在教“条形统计图”时因为疏忽，课件上的条形统计图出现了一点小误差。正当进入教学状态时，一位学生却情不自禁地喊出来：“老师，你的统计图画错了，甲公司525元的工资怎么会比乙公司的560元高啊？”在场的所有老师和同学眼睛“唰”地一下射向讲台，大家似乎都屏住了呼吸。该怎么评价？此时，只见教师潇洒地笑着说：“因为老师的疏忽，成就了你的精彩。”同时竖起大拇指，全场一阵热烈的掌声。教师的机智化解了冷场尴尬，幽默的语言瞬间就点亮了课堂。

这种风趣幽默的口语评价，这种笑看风云的健康心态，学生听后怎么会不被深深感染？怎么会不受激励呢？课堂怎么会不高潮迭起呢？这样即时评价才是真正具有生命力的课堂评价。

总之，课堂提问教学并非简单地指教师问、学生答。课堂提问教学包括课前问题的精心设计，问题情境的创设，问题的提出与实施，对学生的处理、对学生质疑的引导等综合行为。它是师生积极参与、交往互动，共同发展的过程。这一过程中的师生参与性，对教与学的促进作用就是教学评价的主要指标。教学过程中必须立足于师生的共同发展，综合分析和整体把握，才能有效地激发学生的好奇心、求知欲和想象力，才能落实学生的主体地位，有效地推进和提升教学，从而实现真学、真思、共学共进。

参 考 文 献

[1] 麦克·格尔森著，谭淑文等译．如何在课堂上提问：好问题胜过好答案 [M]．北京：中国青年出版社，2019.

[2] 韩琴．课堂提问能力实训 [M]．北京：高等教育出版社，2019.

[3] 陈殿兵，杨新晓．有效课堂教学的组织与实施 [M]．北京：科学出版社，2019.

[4] 邓胜兴，姚凤娟，王林发，范兆雄．教师课堂提问的技巧与策略 [M]．重庆：西南师范大学出版社，2017.

[5] 赵武立．小学数学课堂教学理论与实践 [M]．北京：首都师范大学出版社，2015.

[6] 贝森赫兹著，宋玲译．教师怎样提问才有效——课堂提问的艺术 [M]．北京：中国轻工工业出版社，2015.

[7] 胡庆芳，孙祺斌，李爱军，等．有效课堂提问的 22 条策略 [M]．上海：华东师范大学出版社，2015.

[8] 温建红．数学课堂有效提问论 [M]．北京：中国科学技术出版社，2015.

[9] 刘红燕，于艳丽，赵松芝．小学数学课堂教学提问技能 [M]．北京：首都师范大学出版社，2014.

[10] 锦华．课堂提问的艺术 [M]．沈阳：万卷出版公司，2014.

[11] 郭东林．小学数学课堂有效提问的策略研究 [J]．甘肃教育，2019（18）.

[12] 黄建春．浅析小学数学核心素养培养中进行课堂有效提问的策略 [J]．课程教育研究，2019（23）.

[13] 李宽．小学数学教师课堂提问技能现状及策略剖析 [[J]．学周刊，2019（32）.

[14] 赵永占．小学数学教师课堂提问技能现状及策略研究 [J]．黑河教育，2019（02）.

[15] 吕晓丽．小学科学教师课堂提问现存问题及对策研究 [J]．文学教育（下），2019（09）.

[16] 李启龙．数学课堂提问存在的问题及对策探研 [J]．成才之路，2019（31）.

[17] 陆培德．小学数学课堂教学中有效提问的策略 [J]．西部素质教育，2019（20）.

[18] 孟飞．小学数学课堂提问的有效实施策略 [J]．课程教育研究，2019（12）.

[19] 张玥芳．浅谈课堂有效提问策略 [J]．职业教育（中旬刊），2019（01）.

[20] 马春燕．浅析小学数学课堂提问教学中存在的问题及对策 [J]．学周刊，2019（29）.

[21] 张玺元，冯瑰．提高小学三年级数学课堂提问有效性的对策 [J]．课程教育研究，2019（47）.

[22] 何晓莹．精心预设有效提问——提升小学数学课堂提问有效性的策略 [J]．甘肃教育，2019（05）.

[23] 白玮博．浅谈小学数学课堂教学有效性提问 [J]．中国校外教育，2019（36）.

[24] 许伟．浅析小学数学教师课堂提问的有效性 [J]．中国校外教育，2019（36）.

[25] 翁海红．师生互动理论下小学课堂提问有效性的策略探索 [J]．学周刊，2019（29）.
[26] 胡伟伟．小学数学课堂教学中学生课堂提问有效性提升策略研究 [J]. 读与写（教育教学刊），2019（08）.
[27] 高燕春．小学数学课堂有效提问的实践研究 [J]．数学学习与研究，2019（20）.
[28] 李雪梅．小学数学课堂教学有效提问策略的研究与实施 [J]．学周刊，2018（05）.
[29] 吴琼红．巧设提问，引导探究和创新——新课改背景下有效课堂提问 [J]．课程教育研究，2018（13）.
[30] 陆丽丽．小学数学课堂提问有效性的提升方式探寻 [J]．名师在线，2018（35）.
[31] 邢蓉．小学数学教师课堂提问技能的现状及对策研究 [J]．课程教育研究，2018（45）.
[32] 代琼芳．浅谈提问教学法在小学数学课堂教学中的应用策略 [J]．学周刊，2018（12）.
[33] 江胜华，武立群，李伟清，汪时机，鲍安红．教师课堂提问有效性的模糊评价 [J]．西南师范大学学报（自然科学版），2017（01）.
[34] 刘占双．小学数学课堂提问的教学原则与策略探析 [J]．中国教师，2017（14）.

附　录

附录1　小学数学普通教师课堂提问技能调查问卷

尊敬的各位老师：

您好！开展此次调查问卷活动，是为了了解您的课堂提问技能情况。本次问卷采用不署名的形式，且所有数据仅用于学术科研用途，您只需要根据实际情况将自己的真实想法表达出来。感谢您的配合！

一、基本信息

教龄：　　　　　　　　　　　　职称：

二、调查内容

1. 您认为在小学数学课堂中进行提问有必要吗？

A. 非常有必要　　B. 有必要　　C. 可有可无　　D. 完全没必要

2. 您理解的数学课堂提问都包括哪些过程？（最少选一项）

A. 问题编拟　　B. 发问　　C. 叫答　　D. 候答　　E. 作答　　F. 讲解

3. 您认为数学提问的目的是什么？（最少选一项）

A. 了解学生课堂中的知识掌握情况

B. 调动课堂气氛，使学生积极参与

C. 要求学生及时对所学知识进行归纳整理

D. 提醒学生认真听讲，让他们集中精力

E. 拓展学生的思维空间

F. 其他

4. 您平时会看一些与课堂提问有关的书籍吗？

A. 经常　　B. 偶尔　　C. 几乎没有　　D. 从来没有

5. 您平时会主动搜集一些关于课堂提问方面的资料吗？
A. 经常　B. 偶尔　C. 几乎没有　D. 从来没有

6. 您会在一节课的重难点处设置问题吗？
A. 每次都会　B. 有时会　C. 根据学生的反应，随机产生
D. 没考虑过

7. 您在备课时，用来设计问题的时间占总时间的多少？
A. 50% 以上　B. 10%~50%　C. 10% 以下　D. 不清楚

8. 您在备课过程中，对数学问题进行设计时有考虑学生的认知水平吗？
A. 每课时都有　B. 偶尔有　C. 几乎没有　D. 从来没有

9. 您在备课时，有预测学生可能出现的答案并想好处理的对策吗？
A. 每课时都有　B. 偶尔有　C. 几乎没有　D. 从来没有

10. 您在设计问题时的参考依据是什么？
A. 生活实际　B. 辅助资料或教材书　C. 互联网
D. 本人的教学经验

11. 您在设计问题时，是否仔细推敲过提问的语言和用词？
A. 经常　B. 有时　C. 偶尔　D. 从不

12. 关于课堂提问方面，您会主动在课后对其进行自我反思吗？
A. 会　B. 有时会　C. 很少　D. 从不

13. 对于课堂中提问的问题，您会课后及时与学生进行沟通吗？
A. 会　B. 有时会　C. 很少　D. 从不

14. 关于课堂提问方面，您会课后与同伴进行交流吗？
A. 会　B. 有时会　C. 很少　D. 从不

附录 2　小学数学优秀教师课堂提问调查问卷

尊敬的老师，您好！感谢您对本次调查的支持，调查为匿名形式，调查结果只做学术研究，希望老师如实填写，十分感谢您的合作与支持！

填写须知：请在选择题的选项字母上打“√”，如果选项中没有适合您的答案，请在横线处填入相应的信息。

一、个人情况

1. 年龄	A. 30 岁及以下	B. 31~44	C. 45 岁及以上	
2. 职称	A. 中级	B. 高级	C. 正高级	
3. 教龄	A. 5~10 年	B. 10~20 年	C. 20 年以上	
4. 任课年级	A. 一、二年级	B. 三年级	C. 四年级	D. 五年级

二、教学情况

1. 您在备课的时候会准备课堂上要问的问题吗？
   A. 会准备，而且会写进教案
   B. 会准备，但不会进记录
   C. 偶尔会
   D. 从来没有

2. 如果会准备问题，那么您花在设计问题的时间大概占总备课时间的
   A. 60% 以上　B. 40%~60%　C. 20%~40%　D. 20% 以下

3. 在您设计问题时，您会仔细琢磨问题的表达吗？
   A. 总会　B. 经常会　C. 偶尔会　D. 从不会

4. 在您设计问题时，您会提前想好叫谁回答问题吗？
   A. 总会　B. 经常会　C. 偶尔会　D. 从不会

5. 在您设计问题时，您会预设学生会怎么回答这个问题吗？
   A. 总会　B. 经常会　C. 偶尔会　D. 从不会

6. 在您提出问题后，会留给学生多少时间来思考此问题？
   A. 10 秒以上　B. 5~10 秒　C. 3~5 秒　D. 3 秒以内

7.（多选）您认为影响课堂提问效果的最重要因素是什么？

A. 教师对问题的设计

B. 教师提问方式

C. 教师提问后的候答时间

D. 作答对象

E. 教师对学生的答后评价

8.（多选）您通常倾向于哪种课堂提问的类型？

A. 记忆型　　B. 理解型　　C. 评价型　　D. 分析型

9.（多选）您一般选择什么样的方式让学生回答问题？

A. 齐答　　B. 主动举手　　C. 未举手　　D. 让优等生答

E. 自问自答

10. 当学生不会回答时，您一般怎么办？

A. 重复问题

B. 提示他，让他继续回答

C. 找别的学生回答

D. 自己讲解

11. 当学生回答正确时，您一般会怎么做？

A. 不加点评，让他坐下

B. 表扬他，不问思维过程

C. 表扬他，问思维过程

D. 表扬他，并且会根据他的答案，适当追问他

12. 当学生回答不完整或错误时，您一般会怎么做？

A. 鼓励学生说出这么回答的理由，提示他并让他思考后继续回答

B. 不加点评，叫别的同学回答

C. 鼓励他，再让别的同学回答

D. 否定他，再让别的同学回答

13.（多选）在日常教学中，您如何激发学生生成新问题？

A. 营造独立思考、自由探究的环境

B. 引导学生“合理猜测、小心求证”

C. 生生之间质疑

D. 其他（补充）

14. 在日常教学中，您的学生一般会主动出问题多少次？
A. 5 次以上　B. 3~5 次　C. 1~3 次　D. 从来没有

15. 上完课后，您会及时反思自己的课堂提问行为吗？
A. 总会　B. 经常会　C. 偶尔会　D. 从不会

16. 您经常使用哪些教学反思方法？
A. 听课评课教研组活动
B. 案例反思
C. 询问学生、家长意见
D. 向专家请教
E. 教学后记

17. 您能敏锐捕捉到课堂提问中存在的问题吗？
A. 总会　B. 经常会　C. 偶尔会　D. 从不会

18. 发现问题后您会及时寻找到问题产生的原因吗？
A. 总会　B. 经常会　C. 偶尔会　D. 从不会

19. 您会对问题进行解答并提出对策吗？
A. 总会　B. 经常会　C. 偶尔会　D. 从不会

20. 您会实施并验证针对问题的解决对策吗？
A. 总会　B. 经常会　C. 偶尔会　D. 从不会

后　记

教师是辛勤的园丁，学校的课堂则是培育秧苗的苗圃，需要教师精心去侍弄，才能使如秧苗一般的学生健康成长。小学课堂是学生补充知识、提升自我的处所，教师精心设计教学场景，通过课堂提问的方式同学生展开互动，以了解学生对知识的掌握程度，进而采取有效的教学手法，引导学生探索知识的真谛。

好的课堂提问是一种手段，同时也是一门艺术，能够有效组织教学，激发学生求知欲，培养学生思维能力，是现代课堂教学不可或缺的组成部分。课堂教学应“授之以渔”，而不应“授之以鱼”，因此，教师必须要总结出合理的教学方法，提升自身课堂提问的技巧，进而在提问中达成和学生的良好交流，使学生将教师作为学习的好伙伴，师生相互协调配合、共同进步成长。

本书在创作过程中，吸纳了众多前人的成果，同时也加入了众多的实际案例，可帮助教师在阅读过程中更好的理解和掌握。

辛勤的汗水总会收获丰硕的果实。对于本书的创作，感谢所翻阅的前人资料，也感谢给予帮助的领导、师长、亲朋。由于水平有限，对书中存在的不足甚至错误，恳请大家谅解和指正。

作　者

2020年1月